文库吉

丛书主编 郑 毅

清代吉林盐政

潘景隆 张志强 赵素娟 李秀娟 刘敏 校注

吉林文史出版社

"长白文库"编委会

（排名不分先后）

"长白文库"总序

中华优秀传统文化是中华民族的"根"和"魂"，习近平总书记高度重视中华优秀传统文化，并将其作为治国理政的重要思想文化资源。"不忘本来才能开辟未来，善于继承才能更好创新。""优秀传统文化是一个国家、一个民族传承和发展的根本，如果丢掉了，就割断了精神命脉。"中华优秀传统文化具有多样性和地域性等特征，东北地域文化是多元一体的中华文化中的重要组成部分。吉林省地处东北地区中部，是中华民族世代生存融合的重要地区，素有"白山松水"之美誉，肃慎、扶余、东胡、高句丽、契丹、女真、汉族、满族、蒙古族等诸多族群自古繁衍生息于此，创造出多种极具地域特征的绚烂多姿的地方文化。为了"弘扬地方文化，开发乡邦文献"，自20世纪80年代起，原吉林师范学院李澍田先生积极响应陈云同志倡导古籍整理的号召，应东北地区方志编修之急，服务于东北地方史研究的热潮，遍访国内百余家图书馆寻书求籍，审慎筛选具有代表性的著述文典300余种，编撰校订出版以"长白丛书"（以下简称"丛书"）为名的大型东北地方文献丛书，迄今已近40载。历经李澍田先生、刁书仁和郑毅两位教授三任丛书主编，数十位古籍所前辈和同人青灯黄卷、兀兀穷年，诸多省内外专家学者的鼎力支持，"丛书"迄今已共计整理出版了110部5000余万字。"丛书"以"长白"为名，"在清代中叶以来，吉林省疆域迭有变迁，而长白山钟灵毓秀，巍然耸立，为吉林名山，从历史上看，不咸山于《山海经·大荒北经》中也有明确记录，把长白山当作吉林的象征，这是合情合理的。"（"长白丛书"初版陈连庆先生序）

1983年吉林师范学院古籍研究所（室）成立，作为吉林省古籍整理与研究协作组常设机构和丛书的编务机构，李澍田先生出任所长。全国高校古籍整理工作委员会、吉林省教委和省财政厅都给予了该项目一定的支持。李澍田先生是"丛书"的创始人，他的学术生涯就是"丛书"的创业史。"丛书"能够在国内外学界有如此大的影响力，与李澍田先生的敬业精神和艰辛努力是分不开的。"丛书"创办之始，李澍田先生"邀集吉、长各地的中青年同志，乃至吉林的一些老同志，群策群力，分工合作"（初版陈序），寻访底本，夙兴夜寐逐字校勘，联络印刷单位、寻找合作方，因经常有生僻古字，先生不得不亲自到车间与排版工人拼字铸模；吉林文史出版社于永玉先生作为"丛书"的第一任责编，殚精竭虑地付出了很多努力，为"丛书"的完成出版作出了突出贡献；原古籍所衣兴国等诸位前辈同人在辅助李澍田先生编印"丛书"的过程中，一道解决了遇到的诸多问题、排除了诸多困难，是"丛书"草创时期的重要参与者。"丛书"自 20 世纪 80 年代出版发行以来，经历了铅字排版印刷、激光照排印刷、数字化出版等多个时期，"丛书"本身也称得上是改革开放以来中国印刷史的见证。由于"丛书"不同卷册在出版发行的不同历史时期，投入的人力、财力受当时的条件所限，每一种图书的质量都不同程度留有遗憾，且印数多则千册、少则数百册，历经数十年的流布与交换，有些图书可谓一册难求。

1994 年，李澍田先生年逾花甲，功成身退，由刁书仁教授继任"丛书"主编。刁书仁教授"萧规曹随"，延续了"丛书"的出版生命，在经费拮据、古籍整理热潮消退、社会关注度降低的情况下，多方呼吁，破解困局，使得"丛书"得以继续出版，文化品牌得以保存，其功不可没。1999 年原吉林师范学院、吉林医学院、吉林林学院和吉林电气化高等专科学校合并组建为北华大学，首任校长于庚蒲教授力主保留古籍所作为北华大学处级建制科研单位，使得"丛书"的学术研究成果得以延续保存。依托北华大学古籍所发展形成的专门史学科被学校确定为四个重点建设学科之一，在东北边疆史地研究、东北民族史研究方面形成了北华大学的特色与优势。

2002 年，刁书仁教授调至扬州大学工作，笔者当时正担任北华大学图书馆馆长，在北华大学的委托和古籍所同人的希冀下，本人兼任古籍所所长、"丛书"主编。在北华大学的鼎力支持下，为了适应新时期形势的发展，出于拓展古籍研究所研究领域、繁荣学术文化、有利于学术交流以及人才培养工作的实际需要，原古籍研究所改建为东亚历史与文献研究中心，在保持原古籍整理与研究的学术专长的同时，中心将学术研究的视野和交流渠道拓展至东亚地域范围。同时，为努力保持"丛书"的出版规模，我们以出文献精品、重学术研究成果为工作方针，确保"丛书"学术研究成果的传承与延续。

在全方位、深层次挖掘和研究的基础上，整套"丛书"整理与研究成果斐然。"丛书"分为文献整理与东亚文化研究两大系列，内容包括史料、方志、档案、人物、诗词、满学、农学、边疆、民俗、金石、地理、专题论集 12 个子系列。"丛书"问世后得到学术界和出版界的好评，"丛书"初集中的《吉林通志》于 1987 年荣获全国古籍出版奖，三集中的《东三省政略》于 1992

年获国家新闻出版总署全国古籍整理图书奖，是当年全国地方文献中唯一获奖的图书。同年，在吉林省第二届社会科学成果评奖中，全套丛书获优秀成果二等奖，并被国家新闻出版总署列为"八五"计划重点图书。1995年《中国东北通史》获吉林省第三届社会科学优秀成果二等奖。2005年，《同文汇考中朝史料》获北方十五省（市、区）哲学社会科学优秀图书奖。

"丛书"的出版在社会各界引起很大反响，与当时广东出现的以岭南文献为主的《岭南丛书》并称国内两大地方文献丛书，有"北有长白，南有岭南"之誉。吉林大学金景芳教授认为"编辑'长白丛书'的贡献很大，从'辽海丛书'到'长白丛书'都证明东北并非没有文化"。著名明史学者、东北师范大学李洵教授认为："《长白丛书》把现在已经很难得的东西整理出来，说明东北文化有很高的水准，所以丛书的意义不只在于出了几本书，更在于开发了东北的文化，这是很有意义的，现在不能再说东北没有文化了。"美国学者杜赞奇认为"以往有关东北方面的材料，利用日文资料很多。而现在中文的'长白丛书'则很有利于提高中国东北史的研究"（在"长白丛书"出版十周年纪念会上的发言）。中国社会科学院边疆史地研究中心主任厉声研究员认为："'长白丛书'已经成为一个品牌，与西北研究同列全国之首。"（1999年12月在"长白丛书"工作规划会议上的发言）目前，"长白丛书"已被收藏于日本、俄罗斯、美国、德国、英国、加拿大、澳大利亚、韩国及东南亚各国多所学府和研究机构，并深受海内外史学研究者的关注。

为了更好地传承和弘扬优秀地域文化，再现"丛书"在"面向吉林，服务桑梓"方面的传统与特色，2010年前后，我与时任吉林文史出版社社长的徐潜先生就曾多次动议启动出版《长白丛书精品集》，并做了相应的前期准备工作，后因出版资助经费落实有困难而一再拖延。2020年，以十年前的动议与前期工作为基础，在吉林省省级文化发展专项资金的资助下，北华大学东亚历史与文献研究中心与吉林文史出版社共同议定以《长白丛书》为文献基础，从"丛书"已出版的图书中优选数十种具有代表性的文献图书和研究著述合编为"长白文库"加以出版。

"长白文库"是在新的历史发展时期对"长白丛书"的一种文化传承和创新，"长白丛书"仍将以推出地方文化精华和学术研究精品为目标，延续东北地域文化的文脉。

"长白文库"以"长白丛书"刊印40年来广受社会各界关注的地方文化图书为入选标准，第一期选择约30部反映吉林地域传统文化精华的图书，充分展现白山松水孕育的地域传统文化之风貌，为当代传统文化传承提供丰厚的文化滋养，是一件功在当代、利在千秋的文化盛举。

盛世兴文，文以载道。保存和延续优秀传统文化的文脉，是人文社会科学研究者的社会责任和学术使命，"长白丛书"在创立之时，就得到省内外多所高校诸多学界前辈的关注和提携，"开发乡邦文献，弘扬地方文化"成为20世纪80年代一批志同道合的老一辈学者的共同奋斗目标，没有他们当初的默默耕耘和艰辛努力，就没有今天"长白丛书"这样一个存续40年的地方文化品牌的荣耀。"独行快，众行远"，这次在组建"长白文库"编委会的过程中，受邀的各位学者都表达了对这项工作的肯定和支持，慨然应允出任编委会委员，并对"长白文库"的编辑工作提出了诸多真知灼见，这是学界同道对"丛书"多年情感的流露，也是对即将问世的"长白文库"的期许。

感谢原吉林师范学院、现北华大学40年来对"丛书"的投入与支持，感谢吉林文史出版社历届领导的精诚合作，感谢学界同人对"丛书"的关心与帮助！

郑　毅

谨序于北华大学东亚历史与文献研究中心

2020年7月1日

"长白丛书"序

　　吉林师范学院李澍田同志，悉心钻研历史，关心乡邦文献，于教学之余，搜罗有关吉林的书刊，上自古代，下迄辛亥，编为"长白丛书"，征序于予，辞不获命。爰缀予所知者书于简端曰：

　　昔孔子有言："夏礼吾能言之，杞不足征也。殷礼，吾能言之，宋不足征也。文献不足故也，足，则吾能征之矣。"说者以为："文，典籍也。献，贤也。"这是因为文献对于历史研究相辅相成，缺乏必要的文献，历史研究便无从措手。古代文献，如十三经、二十四史之属，久已风行海内外，家传户诵，不虞其失坠，而近代文献往往不易保存。清代学者章学诚对此曾大声疾呼，唤起人们的注意，于其名著《文史通义》中曾详言之。然而，保存文献并不如想象那么容易。贵远贱近，习俗移人，不以为意，随手散弃者有之。保管不善，毁于水火，遭老鼠批判者有之。而最大损失仍与政治原因有关。自清朝末叶以来，吉林困厄极矣，强邻环伺，国土日蹙，先有日、俄帝国主义战争，继有军阀割据，九一八事变后，又有敌伪十四年统治，国土沦陷，生民憔悴。在政权更迭之际，人民或不免于屠刀，图书文物更随时有遭毁弃和掠夺的命运。时至今日，清代文书档案几如凤毛麟角，九一八事变以前书刊也极为罕见。大抵有关抨击时政者最先毁弃，有关时事者则几无孑遗。欲求民国以来一份完整无缺的地方报纸已不可能，遑论其他。

　　中华人民共和国成立以来，百废俱兴，文教事业空前发展。而中经十年内乱，公私图书蒙受极大损失，断简残篇难以拾缀。吉林市旧家藏书，"文革"期间遭到洗劫，损失尤重。粉碎"四人帮"后，祖国复兴，文运欣欣向荣，在拨乱反正的号召下，由陈云同志倡导，大张旗鼓，整理古籍，一反民族虚无主义积习，尊重祖国悠久文化传统，为振兴中华，提供历史借鉴。值此大好时机，李澍田同志以一片爱国爱乡的赤子之心，广泛搜求有关吉林文史图书，不辞劳苦，历访东北各图书馆，并远走京沪各地，仆仆风尘，调查访问，即书而求人，因人而求书，在短短几年内，得书逾千，经过仔细筛选，择其有代表性者三百种，编为"长白丛书"。盖清代中叶以来，吉林省疆域迭有变迁，而长白山钟灵毓秀，巍然耸立，为吉林名山，从历史上看，不咸山于《山海经·大荒北经》中也有明确记录，把长白山当作吉林的象征，这是合情合理的。

"丛书"中所收著作，以清人作品为最多，范围极其广泛，自史书、方志、游记、档案、家谱以下，又有各家别集、总集之属。为网罗散佚，在宋、辽、金以迄明代的著作之外，又以文献征存、史志辑佚、金石碑传补其不足，取精用宏，包罗万象，可以说是吉林文献的总汇，对于保存文献，具有重大贡献。

回忆酝酿编纂之际，李澍田同志奔走呼号，独力支撑，在无人、无钱的条件下，邀集吉长各地的中青年同志，乃至吉林的一些老同志，群策群力，分工合作，众志成城，大业克举。在整理文献的过程中，摸索出一套先进经验，培养出一支坚强队伍。这也是有志者事竟成的一个范例。

我与李澍田同志相处有年，编订此书之际，澍田同志虚怀若谷，对于书刊的搜求，目录的选定等方面多次征求意见。今当是书即将问世之际，深喜乡邦文献可以不再失坠，故敢借此机会聊述所怀。殷切希望读此书者，要从祖国的悲惨往事中，体会爱国家、爱乡土的心情，激发斗志，为"四化"多作贡献。也殷切希望读此书者，能够体会到保存文献之不易，使焚琴煮鹤的蠢事不要重演。

当然，有关吉林的文献并不以汉文书刊为限，在清代一朝就有大量的满文、蒙文的档案和图书，此外又有俄、日、英、美各国的档案和专著，如能组织人力，有计划、有步骤地进行整理，提要钩玄勒成专著，先整理一部分，然后逐渐扩大，这也是不朽的盛业，李君其有意乎？

吉林　陈连庆　谨序

一九八六年五月一日

序

管子曰：海王之国，谨正盐策。自府海之法行，而盐利所入，遂为中国数千年国用之巨宗，虽有后贤，无以易焉。顾古之所谓府海者，凡天下盐产，尽隶官府。故《史记·平准书》盐铁丞孔仅言：山海之藏，宜属少府。又《吴王濞列传》称：濞煮海为盐。然则当时固无所谓盐课，无所谓盐厘，直以盐为国有之品。如今世森林国有，铁道国有，日本诸制是已。唐宋以后，盐法凌杂，浸失古意，治薤之术日益繁密，官之与民，民之与商交涉之事，始极夥颐。刘晏盐法一税之后任其所之，是就场征税之法也。宋詹仪之等言两路盐以十万箩为额，是划岸定额之法也。唐张平叔言官自鬻盐笼天下之利。宋置折博务于扬州，使民以粟帛易盐，蔡挺令盐船三岁一易，以课纲官殿最，是官运商销之法也。赵开变盐法，收引税别，输提勘钱，是商销征课掣验行引之法也。吉林故辽盐销行之域，海通以前，民俗儴厚，政令单简，闭关而治，公需至俭，赋税岁入，恒有余裕，无或议兴盐利，以济国用者。

甲午以后，东清铁道横亘腹要，俄属崴盐骎骎内灌东北各岸延蔓无极。甲辰以后，金州盐滩胥为日据，日盐群至，益无阻障，于是全省属岸阴为两强盐利之竞场，国权、国课两受侵损。行省既立，群弛毕张，凡百建设，悉资帑藏，出入会计，始极匮竭。

玉麟方总办川汉铁路，奏调来吉，简署度支。受事之日，即以规复盐岸，为外保国权，内裕国课之计划。顾舍刘晏就场征税之善策，而独注意于官运商销者，盖为对外计，非官运则无以绝外私，为对内计，非商销则无以便民食。时势所逼，政略以成，综计戊申三月开办，历夏秋冬，基干始定，沿革章制及成绩所著，具详本书，不复芜赘，其间条理之繁赜，交涉之对待，措置之变通，訾毁之晌督，因地因事，瞬息万应，赖奉吉疆帅主张于上，三省督办陆润生京卿、总办杨济沧观察维持于中，本局提调张岱杉太守任劳于下，幸而得成规模，亦殊宏远，创始艰难，不可以无纪。爰属岱杉太守搜检文牍，都为十类，成戊申官运第一次报告书以备考证，至若规则之缜密，调查之明备，造端未久，诸待赓续，无管刘诸贤之才，而悖管刘诸贤之术，为世诟病，亦复何辞，虽然其于利国利民之本意，庸有殊乎。

宣统元年仲春吉林度支使者督办官运盐局　陈玉麟　序

前　言

　　清末，清政府统治出现危机，不得不"谋求改革"，光绪三十三年（1907），清政府决定裁撤吉林将军，设立吉林行省，以适应变化了的国内政治形势，维持封建社会的长远统治。吉林行省成立后，推行了一系列"新政"，对吉林盐政进行整顿，就是其中的一个重要项目。吉林旧时民户运盐没有限制，后来为了筹措饷捐，才于运盐季节的冬季，在一些地方设置税卡，征收盐捐。光绪二十九年（1903），东清铁路与俄国铁道接轨，俄国借助铁路运输的势力，把海参崴①生产的盐倾销吉省珲春、宁古塔、阿什河、哈尔滨等地区。光绪三十年（1904）日俄战争以后，旅顺附近金州各海岸皆被日本占据，日人也开滩出盐，借助南满铁路运销吉省长春、伊通、磐石、双城等地区，于是吉林全省成为日、俄两国争夺盐利之地，中国的国权、国课受到严重侵害。吉林行省于光绪三十四年（1908）为"外保国权，内保国课"，奏请清政府，经批准，对吉林盐政采取了一系列措施，进行整顿，经过半年多的时间，取得了很大成效。

　　吉林省档案馆藏有光绪三十四年（1908）吉林官运总局编辑，吉林官书刷印局印制的《吉林官运局第一次报告书》，为吉林整顿盐政的实录。该书虽然收录时限较短，但内容宏富翔实，包括追溯整顿前吉林盐政的简要历史，特别是整顿中的奏议、章程、调查、开创、交涉、运储、商销、缉私、工程、会计等方面的文电、图表，共117件、11万多字。它是研究吉林盐政历史以及吉林近代史重要且珍贵的第一手档案资料。从中可见，在盐务方面日、俄两强角逐，中国地方行政积弊，整顿之际艰危异常，经过惨淡经营，虽未奏全功，但对吉林盐政的创办与建设，初获成效。足见吉林行省确为挽救时弊出了大力，展露了一代政治家的风范和谋略。

　　该书经过吉林省档案馆整理，列入"长白丛书"出版，定书名为《清代吉林盐政》。参加校点的有：张志强、赵素娟、刘敏、魏显洲、于海英、姜

_____

　　① 今为符拉迪沃斯托克。

1

承、王放、李秀娟，潘景隆研究馆员主点通校。吉林师院历史系学生李志、杨俊峰、王雪梅、马春莉、潘德昌、王冰河、张波、史向辉、龚树秀、杨文新、胡银辉、闫梅、尹安霞、侯德华等参加校对，刘贵君同志编辑，主编李澍田教授审定。限于学术水平，纰漏舛误之处，尚属难免，敬请方家批评指正。

编　者

一九九一年九月

凡 例

一、本书所刊文牍，一切以戊申年开办起至年底止为范围，其有在次年正二月间所办，而发源于戊申年者亦择要刊入，俾阅者于本局章制沿革得以洞晓。

一、本书虽称报告，而所刊者多系案据公牍，其空言议论非有确据者概不列入政书体裁，务崇实也。

一、表例　凡数目字如一万三千六百五十四元，则表内但填〔一.三六五四〕，便已了如指掌。本书各表数目独不然者，盖吉省币制分歧，若仅填数目字，则阅者必将混淆，且是书志在使人人一览了然，故不能不变通办理。

一、本局事系开创，章程规则随时更易，本书仅按照先后次序据实刊列，使阅后知沿革之状况。

一、本书分为十类，内开创一类凡无可附隶者多属之。第二次刊刻报告时当改为庶务类，以副名实。

一、本书章程类盐斤加耗一百斤，未几即改为八十斤，又会计类存盐作价计洋六十五万余元，及本书脱稿时各盐均已售出，收回实价。故均于书眉加小戳声明，俾阅者知其究竟。

一、本局先后办理情形以年终呈送报销文牍一篇最为详尽，阅者当特别注意。

一、本书出版日期过于匆促，又未派人赴刷印局校对，以致讹字甚多，且格式一切每多缺憾，特附校勘表以正之（表略）。然鲁鱼亥豕障碍视线，最为可厌，第二次刊刻报告自当精益求精，以复阅者之望。

吉林盐政述要

　　吉林为龙兴本域，丰沛故都。三十年以前不独徭赋薄于他省，即盐政一端，亦未闻钩稽勒成法也。旧时民户运盐无限制，自筹饷捐兴，岁始于冬令，设白龙驹、烧锅甸、南城子、三道岗、新安镇五处专卡，会同毗连奉省各税卡，征收盐捐而已。甲午以后，东清铁道接轨，吉省俄属海参崴之盐，乃挟运输势力，倒灌省北珲春、宁古塔、阿什河、哈尔滨一带。甲辰以后，旅顺附近，金州各海岸皆为日有。日人亦投资开滩出盐，乘南满洲铁道之便，直贯省西长春、伊通、磐石、双城各属。于是吉林全省既为两国盐利竞争之尾闾，不特奉省盐课受其影响，抑亦国权所在，不能不起而力图者也。行省既立，度支浩繁，东三省盐务总局乃首议整顿奉属盖平、磐蛇厅、复州各盐滩，为保课之本，次议三省各办官运为实行盐政之基，并决定从吉黑两省先行试办，而试办之期则吉省实先于黑省也。光绪三十四年春初议开办吉省官运盐务事宜，吉林度支司陈玉麟率同随员知府张弧，会同三省盐务总局，详定吉林官运章程十八条，是为吉林官运开创之始。是年夏由哈尔滨五站分关税务司照约严禁俄商运盐入吉，并派员收买福记公司余盐，饬令嗣后不得再运。秋七月，复经东三省盐务总局与南满洲铁道公司订立运盐、减价、缉私、免票各合同，是为北断俄盐、西绝日盐之始。其奉省原设驻吉缉私各局，皆先后改归吉设，是为奉省分界办理之始。旋由吉省创立官运总局暨长春官运、营口采运各局，详定官运商销章程若干条，复次第增设各官运分局及分销处，是为官盐开售之始。自时厥后，吉省官运商销日卓成效，截至光绪三十四年年终，综核运销官盐二千余万斤，公家获利三十余万元，先后解缴奉天东三省盐务总局盐课银一十三万五千两。近方推广缉私，添设分局，为规定全省之计划繁博，事实其详，未列入本篇者，则别立子目，以备述之，凡以征实录也。

　　一、开创　吉林官运开创之始，首于省城设总局，为全省盐政之总机关。详定开办、续办各章程，大都历考四川、福建官运成案，鉴利酌情以规定之。省外各府、厅、州、县则选择运道便利、城郭繁盛之区设官运局六：曰长春、曰伊磐、曰双城、曰新榆、曰阿什河、曰宁古塔。采运局一：曰营口。仓二：曰省仓、曰长春总仓。分销处三：曰珲延、曰濛桦、曰长岭。计自戊申三月开创，七月开运，九月开售，盖几穷一年之力，局岸规模方次第就绪也。其间办理报最者首推省仓，次双城、次长春、次阿什河，其余若新榆一局，年终即已撤并双城兼辖，哈尔滨、长寿县两岸归阿什河局兼销，敦化、五常两岸归省仓兼销，是皆立局，以后陆续归并推广者，故各局命名尚未赅括。盖开创之始，由近而远，由简而繁，有非经始时所能预料者焉。

一、**交涉**　福记公司者由俄属海参崴运盐入吉者也，当初创时托华商名禀长芦盐运使衙门，请岁运芦盐万余石，行销吉省，运使利销，数之推广，固无暇计国权规久远也，遽予议准，俄商乃渐以俄盐羼入冲灌。其入吉界也，无中国督抚特许之照券，仅持驻崴商务委员护照为据，领照有费，商署利之，更无暇计国权谋规复也，而吉省东北磋纲，遂倒持而不可究诘矣。金州日盐者，旅顺附近沿海一带，我国出产之盐也。自地为日占，而盐遂为日盐。南满洲铁道运业日益发达，而日盐之来亦与俱盛。华商之贩私盐者，又以铁道界内盐课、盐捐皆不过问，于是虽华盐亦尽归于铁道。吉省白龙驹盐捐收数锐减，边车冬令运粮食赴营口、新民屯一带者，以盐归铁道，强半空载而返，影响所及，国课、民生两有妨碍。官运既兴，乃首饬海参崴商务委员停给护照，并令福记公司先行裁撤，其有运存未售之盐归吉省官运局出资收买，嗣后非有三省督抚特别护照，不得过五站税关，而崴埠俄盐自此绝迹。至南满洲铁道运盐，经东三省盐务总局订立合同后，除官盐外，日盐及华商私盐均不得再入吉界。而铁道界内，奉、吉两省缉私人员得执行其职务，是为中国行政权得伸入铁道附属地内之始基，盖自三省交涉以来，以是举为最有效力，食其益者独盐政云乎哉。

一、**运道**　奉盐运吉之道有三：冰冻时由盖平、磐蛇厅、新民屯各处以边车运入吉省，是为旧道。冰泮后采取各滩盐斤用槽船、拨船，由辽河运通江口上岸，以骡车挽入吉界，是为水道。从牛家屯、海山寨一带由汽车运至吉属长春分布各岸，是为铁道。铁道畅行后，边车生计日蹙，光绪三十一年至三十三年，边车额数渐由五千辆减至二千辆，优胜劣败，天演淘汰，宁独盐政一端可虑哉。水道运盐行之已久，自辽河淤塞后，运业顿衰，夏秋[水]少，两千斤之载，经月不达，商贾迁之。且由通江口运吉骡车，夏令泥泞，运赀奇贵，冬寒易运而辽河已冰，两者恒不能相济。铁道运输最便，惟权利外溢，宜有限制。查未办官运以前，民盐趋铁道者岁约十万石，因即以此为定额，尚余十万石归旧道、水道，以保国民固有之生计。盖吉省岁认销盐缴课二十万石，非三道并进，则配运不能如额，然筹运之际，既外保国权，复内顾民业，其经营亦云苦矣。

一、商销 治鹾之法有商引，有官运。商引者，以引岸归商，运销两事皆责之商，官第征课而已。官运之设，率由商引不能如额，欠课废岸，官乃起而经营之，运销两事皆归于官。有散商，无总商者也。吉省官运独合官商之力相辅而行其事，与各省微有差别，此则因地制宜，不能拘于成法者。盖吉林向无引岸，民户食盐自由采运，一旦改为专卖，官民之情骤难相通，而民之畏官亦较内省为甚，故不能不有岸商以介绍之。吉林向无巨商，即间有之，亦不知盐利之所在，若划岸定引，责令自运自销，恐无复有起而应招者，故不能不由官运以提倡之。溯自官运开办以来，惟招商一事最为困难，局定招商之法，先验其资本，饬酌缴押岸银两，复查其品行是否合格。及承充之后，官运之盐交令承销，岸商之下隶以子商，每盐百斤，照官价准加三角，发售于民，以酬其劳，名为商利，有浮加者，即以其岸银充公。近以官盐畅销，商利颇优，始稍稍知领岸充商为得计，而向之畏缩不前者，今且起而争攘矣。

一、缉私 官盐销额之盛衰，以缉私宽严为比例，无待言已。吉省开创官运，诸事皆务综核，而缉私独少宽其责者：一以盐岸初划，虑乡愚未尽知法；二因财力所限，募勇购械巨款无着；三则吉省兵弁能治匪亦能病民。执是三端，故开创之始，仅于长春设缉私局，委坐办一员，募骑卒二十，居中策应。向设盐捐五卡改设缉私分局，扼奉吉交界之要道，并分饬各属地方文武巡警税局兼禁私运而已。吉俗冻合后民车盛行，无票之盐，始络绎不绝，乃命各官运局分募巡兵，以捍私运。独伊通一岸为最盛。伊通州者三面临奉，而一面联吉者也，当私贩大伙闯越时，亦有持火器拒捕者，乃加檄巡防各营相助为理。日、俄私盐由铁道至者，亦经次第获办，综计先后所缉私盐变价银额亦几万数千元。本年秋间并拟仿四川安定营制，编练骑步专队，以缉私而兼捕盗之责焉。

一、统计 吉林官运制度以六百八十斤为引，十引为批，十批为运，十运为纲，二十纲为大纲，此岁认盐课之定额也。售盐一引得盐课四元六角，盐厘一元二角，缉私费七角，公费一元，其余为公利。公利者，公家所获之利也。盐课按季报解东三省盐务总局，盐厘解吉省税务处，抵囊收之盐捐。公费、缉私费皆留局为公用，其公利所入拟储为行省各官薪俸，盈亏总数月有册岁有计，皆详报于公署备奏咨焉。又吉省未办官运以前，无课之盐酌收补征费，以为开办各分局之需。统计光绪三十四年分各费出入抵支，得盈余三十万余元，奉局盐课所入尚不在内。盖经营之始，成本运资，局用一切开支，务求撙节，积铢累寸，始集兹数，而规模寒俭，较诸关内各省之盐局朴啬多矣。

目 录

奏议类……………………………………………………………………1

章程类……………………………………………………………………5

调查类……………………………………………………………………15

开创类……………………………………………………………………31

交涉类……………………………………………………………………35

运储类……………………………………………………………………43

商销类……………………………………………………………………53

缉私类……………………………………………………………………65

工程类……………………………………………………………………79

会计类……………………………………………………………………86

奏议类

钦帅覆奏东省办理盐务情形折

尚书衔东三省总督兼管将军事务臣徐世昌跪奏：为覆陈东省盐务情形并现筹办法以维艖政恭折仰祈圣鉴事。

光绪三十四年九月三十日承准军机大臣字寄九月二十四日奉上谕：有人奏奉天沿海产盐，请妥订官督商运章程等语，着徐世昌体察情形酌核办理，原片着抄给阅看。钦此。遵旨寄信前来，臣当札饬东三省盐务总局通筹妥议，按照原奏各节分别详查以凭核办，旋据该局督办陆宗舆呈称：奉盐向系就滩设局抽厘，前将军增祺任内奏办督销而未能实行，诚如原奏所云。唯原奏谓前将军赵尔巽任内奏请就场征税，将晒盐、运盐、销盐联为一气，由官主持，合奉、吉、江三省而一之，为盐归官运之权舆。至今年东三省总督徐世昌始准改为官运，于奉天设盐务总局，吉、江二省各设官运局，于营口设分局，收买盐斤，由日本火车运北，有贩盐者以私论，以为仿刘晏办法，为利甚大。岂知利少弊多一节，查前将军赵尔巽奏设东三省盐务总局，虽曾奏请官运，迄未实行。盖因三省各自为界，不能由奉天将军兼辖，故不但不能行盐政权于吉、江，而南则有南满铁道私运充斥于吉省，北则有大宗外私由海参崴进灌于江省。彼两省官吏方以盐政之权在奉天，并未设法查禁。于是私运之盐遍及三省，官课所入亦且骤减，至商运、商销本有此议，去年奉饬招商，迄无成说。

盖奉省多系盐坊小栈，无巨资可以运远，迥非内地盐商可比，今年三省督抚会议筹定官运办法，因于吉、江两省设官运局，而犹以金州租界盐滩之交涉未定，于南满铁道之私运时起龃龉，不得已而为扼要清本之计，乃与该公司订立合同，令其减价装运官盐，除官运票外不准再运私盐，沿途各站任我稽查，然后吉、江两省官运方有所入手。至辽河，惟夏秋可运，需日甚久，防私甚难，较火车运费几及两倍，即未办官运时，商运之盐亦已改用火车，且粮食、杂货亦多由车运，盖迟速省费之殊自必有所趋重，非因盐归车运而航业萧条，大车寥落也。且吉、江官运，巨资仍散于营口，果能缉私得要，官盐畅销，荒滩日辟，辽东西沿海七八州县之居民获利，实非浅鲜。而营口仍为三省盐务之总汇，利民而非病民，于斯可信，是原奏谓营口渐逊于大连，乃港口冻否之关系，而盐务则与大连无涉也。唯吉、江两省虽办官运，而运往之后仍发给本地商人配额销售，以期不夺本来之商利，但官自为运而商自为销，各分界限，无稍混淆。原奏谓委用地方绅商为员司者，实系传闻之误。

又吉、江办理官运，道路遥远，舟车之耗甚大，且事在试办，盈亏未卜，不能不稍宽限制，因将所运盐斤仅于例定每石六百四十斤之外，吉省再准加卤耗八十斤，江省准加一百四十斤，以防亏垫，实并无一石增至六七斗之数，即运至吉、江后，亦令平价销售，亦并无高价居奇之事，仅按照原奏详细声覆等因。臣查奉天盐务向以就滩设局征收，历任将军或奏请督销，或奏请官运，皆未实行。臣到任后首先规划吉、江两省筹销奉盐办法，因东省无巨资大商，不能商运、商销，于是有官运之议。既办官运，首在缉私，因于绥芬河税关饬令严缉以绝东北海路之私运，又以运路所经费轻为要，因金州盐滩之交涉未定，南满铁道之私运甚多，于是与该公司订立合同减价装运。且我有稽查各站之权，并声明不得私运，而两省官运费减私绝，办理方有端绪。且未办官运以前，不但粮食、杂货均趋重于火车，即私盐亦由铁道私运，是大车之减少，航业之不繁，非因官运之盐而始然也。将来营口为盐务总汇，大利在民，尤可想见。且盐归官运仍系商销，即于吉、江商民亦无窒碍，原奏所陈殆未知东省盐务与内地情形迥不相同，而三省官吏规划之苦心固已兼顾统筹，于利国便民两有裨益也。现在详拟章程正在试办，如果行之无弊再行奏明立案，以规久远。所有覆陈东省盐务情形并现筹办法缘由，谨恭折具陈，伏乞皇上圣鉴训示。谨奏。

光绪三十四年十一月二十日奉旨：知道了。钦此。

钦帅覆奏东省官运盐务情形折

尚书衔东三省总督兼管将军事务臣徐世昌跪奏：为查明东省盐务情形暨现在办法恭折覆陈仰祈圣鉴事。

承准军机大臣字寄光绪三十四年十二月初十日奉上谕：有人奏东三省盐务改设官局，弊窦太深，请妥定章程一折，着徐体察情形，妥定办法，毋令不肖官吏祸国殃民，原折着抄给阅看。钦此。遵旨寄信前来，臣当即札饬东三省盐务局，按照原奏各节确切查明，详晰开报，以凭核办。兹据该局覆称，已遴派妥员前往各该处逐一查明。如原奏内称官运局引用失业之无赖盐商为员司，常令偕同赴滩强硬买盐，且每当赴滩装盐之际，员司夫役势同抢劫，照厘捐票开石数往往浮装过半一节，查吉、江两省官运局并无本地盐商充当员司，唯吉省官运局去夏开办之初，曾令营口向开盐栈之张绩廷代雇车船，并无令其赴滩装盐之事。嗣查出张绩廷每雇车船，间有私扣用钱情事，至车船各户啧有烦言，早经将其辞退。至装盐之际，员司夫役势同抢劫一层，询之各滩户，佥称官盐局员司带同大车下滩装盐，当车辆毕集时或数十辆至百余辆，各车户中有不耐久候，争先装载事或有之，如果势同抢劫及浮装过半，滩户等岂能隐忍不言？

又原奏内称：吉省当商运时，每盐一百斤售东钱六千五百文，今官运增至十三千文；江省当商运时，每盐一百斤售东钱十三千文，今官运增至二十八千。上下扶同，利归中饱一节。查近年商销盐价因时涨落，本无一定。现以奉天省城论之，每百斤售东钱十二千上下，则比吉省几多一半，较江省相仿，如吉、江两省道路之远，运费之多，即商运时果系此数，不特无利可沾，尚须赔累，孰乐为之？现据吉省电称：官盐定价，长春、伊磐两局，每斤小洋三分三厘，省仓四分二厘；榆树、哈尔滨两处四分五厘；阿什河四分六厘；宁古塔四分八厘。与未开官运以前盐价，除宁古塔相埒，余皆有减，民间乐购，并无嫌贵。江省电称：自去年十月起售盐定价每石合市钱一百二十八千，未开官运之先，每石合市钱二百五六十千，其价倍廉，民间称便，均无勒售情事各等语。原奏所言自属传闻失实。

又原奏内称：官盐局于例定斤数外，吉省则加至八十斤之多，江省则加至一百四十斤之多。至于既售之后，仍用旧票，赴滩再装新盐，不再报税。江省官运局，至有装盐一轮船全用旧票匿税者，现署盖平县兼办盐厘与官运局通同舞弊，抵换旧票不止一次一节。查吉、江两省办理官运，道路遥远，舟车载运多有消耗，且事在试办，盈亏未卜，不能不稍宽限制，因于原定官运章程，按例定每石六百斤，比照商运卤耗四十斤外，吉省准加卤耗八十斤，江省道路尤远，照吉省每石准多加卤耗六十斤，期免公家亏累。至抵换旧票一层，查滩场于产盐之时，即将盐数首报盐厘分局，而盐局每月有呈报销存盐数清册可稽，此次调查盖平各场售盐之滩户，所有售与吉、江两省官盐局之盐数凭条，并将营口补征局所验官盐数目及盖平盐厘局发给运票，与官运局收盐各账逐加详查，均尚符合，自无以上情弊。唯吉省开办官运之初，由南满洲铁道火车运送，以期迅速，于火车运时起领运票外，另备运单输送长春，迨至去冬采用由吉、黑来营之大车载运，即已不再另发运单，所谓换票舞弊或因于此，署盖平县姚煜平日办事严正，于办理盐务尤极认真，不遂奸商之私，怨毁之兴，或所难免，然票数相符，账目俱在，其非通同作弊，自属可信。

又原奏内称：官运之初，三省盐务总分局各员及天津商人王竹林均暗中集有股份一节。查奉省盐务就滩抽厘，本毋庸筹集股本，至吉、江两省创办官运，均系由公家筹本，并无集股之事，亦无天津王竹林其人，原奏所称未免传闻失实等情。臣复查东省盐务，前虽屡经创办督销，迄因经费支绌，且无大本巨商堪以担任引课，而南北满铁道及边界口岸，外盐尤易侵灌，防范稍疏，利权即不免外溢，不得已乃仍就滩征厘，分设吉、江两省官运局，与南满铁道议定运价，妥定稽查章程，分起装运。且盐虽由官运，仍系由商分销，既据查明赴滩装载尚无私弊，两省售价加耗，亦无畸重畸轻之处，办理情形尚无不合。且盐由官运，无须商本，自不至合股营私，并可杜绝从前奸商等挟私罔利之弊，虽从前运盐之车近或无利可图，然铁道通行以后，前此商销时，即已改装火车，并非因官运而始然。现自改章以来，盐厘收数增至数倍，成效实已昭著，至各该官运局创办未久，详细章程容有未善，自当逐渐整饬，即如大车赴滩装盐百十乘，同时守候，争先恐后，虽亦车户人等之恒情，然久后或难免别滋事端，亟宜饬其妥定章程，改良办法，俾从前运盐各车户亦借得图谋其生计，务期醝政振兴，商民交便，以仰副朝廷兴利除弊，体恤小民之至意。所有查明东省盐务情形，并现在办法缘由，谨恭折具奏，伏乞皇上圣鉴。谨奏。奉旨：知道了，仍着认真整顿，毋滋弊端。钦此。

章程类

详委前福建知府张弧赴奉商订章程文

署理吉林度支使司度支使为详请事。案照吉省现议整顿盐务，试办官运商销，以裕饷源。创办之初，事务繁重，必须遴委专员随同本司前赴奉天，与东三省盐务总局会议妥章，以便开办。

兹查有前福建候补知府张弧堪以委令，随同赴奉商订章程，以资臂助。除札委外，理合具文详报宪台察核，俯赐批示祗遵，实为公便。为此备由呈乞，照详施行，须至详者。一详督抚宪批，如详委办缴。

会东三省盐务总局详订开办吉省官运局章程文　　附章程

东三省盐务总局署理吉林度支司为会详事。　　案奉宪台饬议，开办吉林省官运商销盐务事件，并经本署司详明，派委随员到奉省会商在案。现经职局本署司参酌情形恭同商议，拟订开办吉林全省官运总局章程一十八条，除详奉天吉林督抚宪，并另文详请奏咨外，理合缮录章程，详请宪台察核，批示祗遵，实为公便。为此备由呈乞，照详施行，须至详者。

计呈清折一扣

右详　奉天吉林公署督抚宪

光绪三十四年三月初二日，奉吉林省督抚宪批，如详办理，仰即遵照，并候奉天行省衙门批示，缴折存。

东三省盐务总局吉林度支司会同拟订吉林省官运开办章程

一、东三省盐务总局奉宪派周钱参赞督饬，办理三省度支司均应会同筹划。

二、东三省盐务总局与吉林度支司商定，此后吉省销盐均由吉省派员官运，并由东三省盐务总局会同吉林度支司详请钦帅及奉吉两帅，会同奏咨立案。

三、吉省如一年认销二十万石，则自开办之日起，总局除发给吉省官盐运票外，当一律禁止商运。吉省旺销时，自应准其随时添运；滞销时，可准其流归下届补销。

四、吉省官运非奉省商销可比，所有奉省商销之押款二或自可勿容缴纳，

5

唯奏定章程八四一五合小洋四元六角之盐课仍须照缴东三省盐务总局以便奏销。

五、盐运吉省之后，所有应收公费及吉省原有盐厘与运销盈余，均应归吉省截用，惟每月销数及收入总数仍须列表，分报东三省盐务总局，以彰成绩而资考证。

六、吉省官运盐斤与奉省商销不同，凡系吉省官运盐斤每石六百斤，除比照奉省商销例配卤耗四十斤之外，加准加配卤耗一百斤，凡此等加配之盐一律随同正额票盐装运，毋庸加纳东三省盐务总局盐课。按奉天滩秤比吉省市秤每百斤约小三斤，本条加耗一节连正盐短秤合计实在加耗不及八十斤。

七、吉省运盐应由东三省盐务总局随时发给运票，其应缴课银按照已运之数分作四季缴纳，如销数疲滞时，应得咨商盐务总局酌量宽限。

八、吉省缴纳课银一概以奉天现用小洋为准，将来银币如有改换，应再折算，如缴银两每石准沈平银二两七钱整。

九、买盐滩价先由东三省盐务总局将滩价议定后，知照吉林官运总局，再由吉省派员会同东三省盐务总局局员赴滩公同核办，倘以后东三省总局改归官买时，吉局仍照收买之价缴还，不另增价，以昭公允。

十、吉省钱法与奉省不同，而奉省产盐各地又无划一币制，以后吉省卖盐价值应归吉省随时酌量情形分别核定。

十一、吉省装运滩盐之际，所有监秤、监斗事宜可由吉局派员会同该地分局委员互相监察，以杜弊窦。

十二、吉省运盐一切均由吉省自行派员办理，仍由东三省盐务总局派员随时稽察，以防沿途洒卖情弊。

十三、吉省为便于采运起见，可于东省转运要地派人设局建仓，办理采运屯寄事件，但此等局所只能办理采运屯寄之事，不准销售盐斤。如在奉省界内，仍归东三省盐务总局稽查。

十四、东三省盐务总局应制成特别运票，专运吉省官盐，此种运票自产盐地运至吉林省官运总仓即行截销，以后吉省由总仓转运吉省各属之运票，归吉林官运总局自行制发。

十五、东三省盐务总局原派在吉林地界之缉私补征各人员局卡于吉林官运局开办后，电请东三省盐务总局撤回，以后吉省缉私事件归吉省自行派人办理，唯奉吉交界之要地，两省可以彼此各派人员或会同派员稽查偷漏，如查明彼此属地有私贩之人碍及官盐者，一经知照即应协拿惩办，如事关紧要不能稽迟者，彼此均可电饬该分局遵办，不得违误。

十六、海参崴为私盐进口大宗，五站除已设分关外，应由东三省总局派委专员前往分设缉私局，并由吉、黑两局各派一员会同办理，认真堵缉，所有经费应由东三省总局担任五成，吉、黑各任二成五。

十七、黑省运盐须由吉林地界经过，东三省盐务总局发给黑省运票，亦应制成特别式样，声明此票运盐只准迳运黑省，如在途中起卸即以私盐论，将盐斤全数充公，运卸之人按律惩办。至吉、黑两省应如何互订缉私章程，由两省自行商订，仍将议定章程会报东三省钦帅、奉吉两帅及东三省盐务总局。

十八、吉省开办官运，地势荒远，责任重大，在事出力人员试办一年，卓有成效，应准查照四川开办官运成案，详请奏奖，以昭激劝。

上列各条日后查考情形有应增应改者，准予随时互商更订，以期周妥。

详定本省内外设局用人及存储采运商销统计缉私各章程文 附章程

署理吉林度支司为详请事。窃查吉省开办官运局务，业经本署司会同东三省盐务总局议订章程详明在案。兹经本署司督饬提调酌拟本省内外设局用人及存储、采运、商销、统计、缉私各项试办章程，理合列折，详请宪台察核，俯赐批示祗遵，实为公便。为此备由，乞呈照详施行，须至详者。

右详 督宪
　　　抚宪

光绪三十四年三月初七日，奉吉林行省督宪批：如详办理，仰即通饬各该
　　　　　　　　　　　　　　　　抚
局及各地方官一体遵照，一面出示晓谕，俾众周知。再总分各局须用关防，前已据详刊刻，另札饬发矣，并即知照缴折存。

光绪三十四年四月初一日，奉奉天行省督宪批：据详已悉，所拟设局用人
　　　　　　　　　　　　　　　　　　抚
及统计、缉私各项章程，均尚妥协。已经吉林行省衙门批示，仰即遵照办理，此缴，章程存。

谨将酌拟吉林官运局设局用人、存储、采运、商销、统计、缉私各项试办章程列折，恭呈宪鉴。

计　　开

设局用人章程

一、吉林开办官运以省局为总汇之区，请定名为吉林全省官运总局。

二、省外各局统名为官运分局，悉归总局节制。

三、官运总局即由本署司督办，毋庸另请派员，以节经费而一事权。总局提调以下各员均由总局详明札委。

四、分局总办亦由总局详明札委。

五、分局应用司事、秤手、丁役人等，由各分局参酌情形拟定额数，详报本总局核夺。惟用人以足供使令为度，薪水尤须撙节开支，所有内地用人

乾修等弊一律禁绝，以重公款。

六、吉省采运官盐以营口为适中便利之地，应在营口设立吉林官盐采运局一所，派员驻办采盐装运及给发脚价事件，亦归总局节制，委员由总局详明札委。

七、吉省既办官运，私盐必须堵缉，应由总局于本省要隘地方设缉私局，该局亦归总局节制，员弁由总局详明札委。

八、官运总局关防大小应比照司印，各分局及采运局关防大小应比照府厅县印，以示区别。由总局详请宪台颁发。

九、分局委员差期以一年为满，如果能销数畅旺，有益公家，由总局酌量情形详请留办。

十、各员遇有交代，应将银款、盐斤、仓厫、器具逐件交代清楚，前后委员会造清册呈报总局，覆核无讹，方准交卸，如盐斤应行盘交者，须禀请总局派员督盘。

十一、盐政全书地方官本有考成，现值开办之初，应责成相助为理，以免掣肘，应由局通行各府、厅、州、县，遇有盐务事件，一经盐局移知，必须随到随行，力为辅助，设故意推诿，意存轸域，由局酌量事体重轻详请撤换。

储盐章程

一、吉省储盐总仓设立长春，归长春分局管理。

二、吉林省城设立省仓，由总仓转运官盐，入仓备销，吉林府属之用归总局兼管。

三、除吉林、长春外，各分局分设分仓，即归各分局管理，营口设立屯仓，归营口采运委员管理，唯营口屯仓与总分局各仓不同，只准屯积，已购盐斤分次运交总仓，不得私行售卖及迳运分仓，以杜流弊。

四、总分省屯各仓出纳盐斤，责成该管委员，每旬造具旬报册，每月造具月报册，专差送总局查核，以便月终汇总列表呈报。

五、各处开仓、封仓，每日均有一定时辰，开仓时，由该管委员督看，封仓时，由该管委员加封，如存盐与册报不符，除实在卤耗外，应责成该委员赔缴。

六、官盐在仓，防阻雨漏日晒各事，系该管委员专责，事后缺少盐斤不得借口。

采运章程

一、吉省采购官盐，应查照会议开办章程，先由东三省盐务总局将滩价报知吉林官运总局，由总局饬令采运委员会同东三省局员议价订购，至每次应购若干石，须听总局命令，采运委员不得擅专。

二、吉省官盐现与东三省总局议定，每石正额盐六百斤，卤耗盐一百四十斤，以后运吉官盐即定七百四十斤为一石。

三、采运局运送官盐，或装汽车或装骡车，须先将官盐石数及起运日期告知长春官运局，以便计日按数盘验收仓，至盐收总仓后，由长春局制给收单，发交采运局收存为据。

四、官盐未经长春总仓收入以前，如有缺少，均系采运委员责任。

五、官盐起运以前，先由吉林官运总局向东三省盐务总局请领运票，发交采运委员，持票装盐，盐斤运票不得相离，如有违误及中途洒卖私增等弊，悉系采运委员责任。

六、滩价廉时，总局或须多购备用，唯购盐既多，一时不及装运者，可由采运委员暂存于营口屯仓。

七、采运委员承领盐本，给发运脚银数，每旬备旬报册，每月备月报册，随同屯仓报册专差送总局，以便汇总呈报。

八、采运盐斤，如有羼杂沙石及盐色恶劣，不合行销者，一经驳回，均归该委员赔缴原购价值。

九、东三省所给运票，运盐到长春，是为初运，到总仓后，即由长春局截角缴销，以后转运各地，名为转运，由总局另发运照，以免混淆。

十、无论初运、转运，票照必须与盐斤同行，如无票照者即为私盐。至总仓发给运票，按照道路远近酌定限期，逾限即作为废纸，以杜重运之弊。

商销章程

一、官盐运到各局后，由各局分别招商领销，其领销官盐之店，须由官给予销售官盐之执照。

二、销盐执照，省城由总局填给，省外由分局填给，唯照纸由总局刻版盖关防为凭，其颁发于各分局者，各分局再加分局关防行用。

三、领照承销官盐之商店，名为官盐店。俟官运局开办后，如非官盐店而销售盐斤者，一律查封，虽系官盐店而暗中买卖私盐者，亦一律封禁，永不准开，将私盐充公示罚。

四、官盐店卖盐价值，须随时报告各分局转报总局，不得过于昂贵，致塞销路。

五、官盐发商之价，按照各地情形，由总局核计课银、盐本、运费及考查各地销数旺淡，随时核定。

六、商人领销官盐，应缴盐价，由发盐之局员如数收清，如有拖欠，悉归各该委员赔缴。

七、官运开办之时，应责成各地方官传集本地向售盐斤之商人一律遵照，永绝私贩领销官盐，并会同就近官运局员出示晓谕。

统计章程

一、省内外各仓局出纳盐斤及银款旬报、月报，必须填写明白，迅速送总局汇核，近省者以十日为限，远处以二十日为限，逾限送到，即行记过，记过三次即予撤差。

二、旬月报册式由总局拟定颁发通省，一律不得歧异，以便稽查。

三、总仓发交各分局盐斤，均须编列次数，各分局收入盐斤报册，亦即照次数登明，以便将两处收发斤两互相稽考。

四、每季终、年终应由总局编列销盐成绩表、盐价比较表、各仓存盐表、各局经费表、各局存银表呈报备核。

五、官运局为便于解课购盐起见，拟请于省城、长春、奉天、营口等处附设官钱局，以便周转汇兑，唯各官运局与官钱局银款往来，仍须各清各账，不得因同系公款互相羼杂，以清界限。

六、总局提调有提调总分局之权，并催取稽核各分局册报。

缉私章程

一、缉捕私盐各局可会同办理，但如何惩罚，应报明总局核夺。

二、各地方私盐，准官盐店随时侦查报告，就近缉私局委员迅速缉捕，以免碍及官销。

三、缉私人员于巡缉私盐外，不准干预地方公事及借端讹索商民，违者查出严惩。

四、缉私人员号衣器械均归总局核定发给。

五、缉私人员拿获私贩，即刻交就近官运局员办理，轻则将盐斤充公，重则移请地方官究办。缉私人员，不得擅自发落。

六、缉捕私盐必须有确实凭据呈验。

七、缉捕人员如能缉获私盐，总局将私盐变价后或全数发赏，或提半发赏，犒赏之钱按照缉获盐价至少必在四成以上，以示奖励。如有徇情私放或缉捕不力者，查明随时撤差停委，重则参办。

八、除由官设立缉私局卡外，各地方官均有缉捕私盐之责任，如境内私盐充斥绝不过问者，应查照律载私盐过境、出境、入境，明知故犯或首犯潜匿在境隐讳不报，或将大伙匿作小伙，或人盐并获轻为开脱，失察大伙私盐，拒捕伤人各条惩办。其有缉捕认真，境内销盐畅旺，私盐绝迹者，由局详请记功调优，以昭激劝。

以上各项章程有应增应改者，准予随时详请更改，以期周妥。

示谕官运商销章程文

钦差大臣、东三省总督部堂徐，钦命副都统衔、吉林巡抚部院朱出示晓谕事。照得食盐为国课大宗，而私贩实有干例禁，内地各省盐务，或划分引地官督商销，或官运盐斤发商售卖，著为令典，成法昭垂。奉省自归官办以来，至今业已数载，近亦颇见成效。吉林食盐从前仅纳盐厘，原系权宜办法，方今建设行省，自应参仿奉天及内地办法，竭力整顿，以畅官销。现经本^{大臣}部院酌定，将全省食盐禁止私运，一律由官备价购买，并缴东三省盐课，运至吉省招商领销，以裕国储，而济民食。一面于吉林、长春两府先行设局建仓储盐备用，并于要隘地方设卡，缉私截拿偷运，俾免外盐浸灌。兹定于本年三月十六日开办，除订定简明章程通饬各属遵照外，合将简章开列于后，明晰出示晓谕，为此，示仰全省商民人等一体知悉。自示之后，须知吉省食盐现已专归官运，尔等售用盐斤均须遵照后开章程，务向各处官运局领购，毋得私自贩运，致干罚惩，自贻后悔，其各凛遵毋违。特示。

今将官运局销盐简明章程开列于后：

一、吉林全省食盐现经改定由官购运，自开办官运局之日起，一律禁止私运。

二、官盐运至吉林各官运局后，商人可备价向就近官运局购领，转售民间。

三、官运局开办后，凡愿购领官盐之人，须将店主姓名及店号报明就近各官运局，由局发给告示一通为凭，先准试销，俟三个月后察看各商销数淡旺，分别去留，再行换给牌照，其牌照应先尽销数多者承领。

四、愿销官盐之商人，应行呈报各条及其资格列左（下）：

甲、姓　名

乙、年　岁　二十岁以上为合格

丙、籍　贯　凡吉省人民皆为本籍商人，其外省寄居吉省在十年以上者，亦准有本籍商人之资格，但外省人充作盐商，不得过本籍三分之一，以保吉省本然之利。

丁、职　掌　以安分殷实经商者为限。

戊、住　所

己、保　结　商人原领牌照批售官盐者，除本系著名殷商不计外，其余须有本地妥实商店出具保结盖章为凭，并由本商出具只销官盐不得私贩切结存案备查。

庚、专　利　领销吉林官盐，唯本国商民方准请领，以重盐法。如有外股在内，一经查出即将牌照作废，其经手及作保之人一体从重罚办。

辛、押　岸　凡呈请领销官盐之商人，除遵照以上各条办理外，应按该商认销官盐地方之繁简酌收押岸银两，以昭慎重。倘该商日后不能畅销官盐，官运局即饬他商承办，如查无违犯局章事件，仍将原款发还。

五、凡经给照准销官盐之商店，得名为官盐店，其牌照须悬挂各店门前，每年请换一次。

六、凡官盐店商人，查明某处有私盐入界及有贩卖私盐之店铺，应准指控于附近官运缉私各局卡或地方有司衙门，一经查明属实，即便拿办，不得宽纵。唯控告私盐，必须照例人盐并获方许准理，以免虚诬。

七、官盐价值由总局察看各属情形随时核定，唯核定后必悬牌于各官运局门首，俾众周知，以昭大信。

八、商人领购官盐由官运局按照盐斤随手填给运照，以便该商等执照运盐于指定地界内行销。

九、除由局设立缉私分卡外，各属地方官均有缉私盐之责任，遇事不得推诿。

十、自吉省官运局开办之日起，各属凡非官盐店而尚销售盐斤者，均应一律禁止，其虽领有告示牌照而暗中贩销私盐者，一经查出，立将该店封禁，所存盐斤全数充公，并将经理及作保之人按律严惩，决不宽贷。

以上十条系就目前情形订定颁行，俾资遵守，此外如有未尽事宜，仍随时斟酌损益，示谕饬遵其各知照。

详添设分局规定办法续议章程文　附章程十条

官运总局为详请事。窃照吉省创办官运，业经署司督同提调张守会议章程，分别设局建仓，并议定铁道运价先后详明宪鉴在案。现在官盐业已开运，各属岸商亦陆续禀请承销，亟宜添设分局，规定办法，以便分别委员督商运销。所有续议章程十条理合开折，具文详请宪台鉴核，批示祗遵，实为公便。为此详乞照验施行，须至详者。

计呈清折一扣

右详　吉林行省督宪

光绪三十年七月十二日，奉吉林行省批：据详并清折均悉，续议章程十条均尚切要可行，应准照办，仰即督饬在事各员妥慎经理，毋稍贻误，切切此缴。谨将官盐开运应办事宜续拟章程十条开呈宪鉴。

计　开

一、添设分局以资推广也。吉省幅员辽阔，东南直接绥芬与俄境交界，西北毗连蒙古、奉天，纵横五千余里，道路绵长。官运开办，商运即停。若仅设长春、阿什河两处分局，商家必奔驰于二三千里以外方可运盐回销，不独遥制为难，即商之运费售价亦难核实代计，势非分属定岸相地扼要添设分局难资控驭，即如伊磐、新榆、三姓、双城、宁古塔、珲春、延吉等处，系属繁盛之区，均可先行酌量添设后，再次第推广各处，使总分各局联为一气，以便民食，而畅官销。

一、酌定局用以昭核实也。设一局即有一局之用，事属创始，必须预为统计，厘定章程，以免虚靡公项。每分局一处，拟设委员二员，月支薪水洋各八十元；文案兼收支一员，月支薪水洋四十元；管票杂务一名，月支薪水洋三十元；管仓秤手二名，月支薪工洋各二十元；清书一名，月支薪工洋十元；杂役四名，月支工食洋各八元。火食油烛八十元，租赁局房四十元，辛红纸张杂用三十元。每分局月共支洋银四百六十二元，作为经常之费，均在每石一元公费项下开支。其修仓以及开办置购器具，系属临时费用，各委员另案详支，不在此列，此外不得任意浮销，以资撙节。唯省仓为全省首要，长春、阿什河两处为官运枢纽，事务较繁，应临时察酌办理。

一、明定成本以便核计也。此次吉省所办官运，每七百斤应收奉省盐课洋四元六角，吉省原有盐厘洋一元二角，又公费洋一元，拟每百斤摊收缉私费洋一角，凡此均为额定成本。此外如滩价运费、绳包斗用、搬力余利，临时照章核并，以定发商之盐价。且款目既分，则应解、应拨、应销、应存各有专项可指，造报亦易清晰。

一、牌示盐价以昭平允也。岸局既设，岸商领销盐斤，或发往他处子店行销，或发给贩户零售，自应示一定价，以免任意涨落，由局照章于核定成本以外，酌加商利，每盐一百斤准加商利若干，俟官盐到仓发商时核定，嗣后每次官盐到岸，由岸局悬牌晓谕，俾众周知，至商贩由岸转运，路有远近不同，而运费高低时亦有异，应按照程途远近准该商贩于定价外，分夏秋季、冬春季两次，每盐一斤每五十里内外酌加脚费钱文，按次递加，以示限制，俾免抬价病民，有碍行销。

一、拨给余盐以资卤耗也。每石七百斤为正盐，营局采买时，严饬滩户将盐提净，不准包胆嵌渣。运至长局后，计每石应除车耗二斤，仓耗三斤外，净存余盐三十五斤。内提出公余二十斤给各分局，余盐十五斤作为卤耗。如员司经理得法，卤耗无多，设有余盐，按委员七成，司事人等三成分派，以示鼓励。倘委员、司事人等经理不善，销数疲滞，除已定卤耗之外，不准再报丝毫，俾杜弊窦。至盐经长途盘运到岸后，折耗已定，局员务须足秤发商，俾商号免再亏折，易于承销，而示体恤。至吉省收发盐斤，一概照东三省盐务总局所定官秤铸成铁铜分发各属，以资较准，而免两歧。

一、严行缉私以防挽越也。吉境毗连奉黑，而俄韩之界亦复唇齿相依，如伊通之四边门，长春之白龙驹、烧锅甸，则奉盐所由入也；绥芬之五站、珲春之海口则海参崴转输津盐所由入也；出威远堡过围场逾鸭绿江，则朝鲜盐旧日之销场也。日俄铁道双轨互横，凡停车之场，均为洒卖之地，此外盐内灌之宜注意者也。至省内分属认商则界限宜划，黑盐转运过境则洒卖堪虞，况地方辽僻，胡匪出没，现时虽乏私枭，日后必有借此以寻生活者，尤宜先事预防，密为布置，缉私经费在盐本内并收。既收，则款有专指，举凡要隘处所岸属界限，均应清查严缉，以免挽越而固官销。

一、中途掣验以杜影射也。官盐填票发商，引额既多，难保无一票两运及夹运私盐等弊，必须选择经过要隘地方，派员掣验盐票是否相符，随于票上加盖某处验讫图章，填明月日，并将该票截角，一面将验过票号斤数按旬折报总局，以便稽考而杜流弊。

一、分纲核计以清年限也。官盐七百斤为一担，业于初次定章详明在案，现拟仿照内地办法，即以一担为一引、一百引为一批、一百批为一纲，每年额定二十纲为一大纲，如本年戊申即为戊申纲，以此类推，周而复始，俾年限划清，报销不至紊乱，而成绩亦易考查。

一、专用银圆以一币制也。吉省开办官运用款极繁，业奉设立官钱局发行银圆票，并于长春等处添设分局，示谕通行官运之盐，应交奉省课税滩价悉用银圆交付，嗣后吉省官运发商之盐核收盐价，亦应均用银圆票交纳。庶银市虽有涨跌而核本无亏折之虞。

一、剔除陋规以恤商艰也。官盐发商行销原为裕课起见，除照收核定官价暨每运票发票一张，照烟酒木税等局现收票底章程，减半收回颜料纸工银元半角，每官盐店每年领告示一张，收回洋纸工料洋一圆外，所有内地售盐秤礼、平余、补水、验费各名目一概禁革，以恤商艰。

调查类

官运总局提调张守调查盐滩运道报告书

谨按张弧：前奉宪台札委，赴奉会订铁道车运缉私合同并开办长春、营口各局，就近调查盐滩等因。除将办理各事宜驰禀外，所有调查辽海各滩及预计运吉情形，附列图表恭呈宪鉴。

调查盐滩情形　　本条附图两纸

谨查东三省地方辽阔，户口日增，民间食用盐斤专借辽海沿岸各滩以资接济。自日俄战后，旅顺附近各盐岸皆归日属，日人广集资本，日事开辟，盐质既良，又复价廉秤足，奉省盐课颇受影响。自陆督办宪到差以来，开辟盖平盐滩，整顿卤沟，划除陋规杂费。盖平盐局总办姚令设巡警队保护滩坨，盐政渐有起色。东三省盐务总局岁收盐课自二十余万石增至四十余万石，成效已著。现方订立招商章程，划岸分区，树官运商销之基础。吉省开办官运，适丁其时，岁认课额至二十万石之多，若非于购盐筹运之间细心考究，诚恐成本过重，则不能减价敌私；运道稍迁，则不免多靡成本。大利所在，弊即随之。宜先注意盐滩，次及盐价，并比较河运、车运、汽车运三者得失，方为扼要之策。查辽海滩盐便于运吉者，以盖平属之二三道沟为最，红蓝旗厂次之，盘蛇厅属之，常家屯又次之，复州属之，吴家屯滩盐则仅销熊岳附近一带，与吉省无甚关系。兹将调查各盐滩面积大小及盐质卤沟各情形列左（下）：

二道沟盐滩

二道沟又名黄旗厂，北距营口二十里，南至盖平五十里，北界二道沟，南界塘洼，东界道路，西界海岸，纵横七十二方里，现晒盐田二百七十七座，卤沟九十二道，停晒盐田五十八座，滩房八十六座。其盐田性质与三道沟同，所异者，距辽河远，不受河水，产盐质重而色白，土虽轻松，然潮中挟有淤泥，易于沉垫，故盐池积水不漏，容易成盐。其产盐较三道沟为多，每年每滩一座约计可收盐三百余石，运边外居多。春秋之际系由水运，冬令地冻，均由大车运往营口、大石桥等处售销。唯地势低洼，夏秋两季一值连日阴雨并潮落之后，满地泥泞，约深数尺，不便装运，此其害也。

三道沟盐滩

三道沟滩场，北距营口十里，南至盖平六十里，北界四道沟，南界二道沟，东界分卡路线，西界海岸，纵横七十七方里。现晒盐田二百一十一付，每座盐池八个、十个不等，卤沟共五十五道，停晒盐田四座，滩房六十六座。滩有上中下之分，近海岸者受潮易而产盐多，名曰上滩；其距海稍远，受水较难，须加人力者为中滩；距海岸远，非大潮不能得水者为下滩。上滩每年每付约晒盐五百余石，中滩每年每付约晒盐三百余石，下滩每年每付约晒盐一百至二百石不等，合三滩均计，每座可出盐二百五十石上下。春晒之盐轻，秋晒之盐重；积存之盐轻，新晒之盐重。该场逼近辽河，河水常顺潮入滩，故产盐色黄而质轻。然地近于营口，转运便利，秋夏船运居多，冬令地冻，边车盛行，亦可由大石桥、牛家屯等处火车装运至吉江两省销售。

红旗厂盐滩

红旗厂北距营口四十四里，南距盖平二十六里，北界该厂小潮沟，南界前新甸至西河口，东界道路，西界海岸，纵横一百四十四方里。现晒盐田一百四十九座，卤沟三道，停晒盐田四十一座。其盐田性质与盐之轻重与二道沟无异，所异者卤沟少，产盐亦少，按年每滩均计约产二百余石。夏秋之际转运营口，冬令由火车运至海山寨、大石桥等处，转由火车北运或运至盖平城及缘城村落销售。

蓝旗厂盐滩

蓝旗厂北距营口三十五里，南距盖平三十五里，北界塘洼，南界红旗厂小潮沟，东界道路，西界海岸，纵横四十八方里。现晒盐田六十八座，滩房五十六座。其盐田性质及盐之轻重均与二道沟同。开河之时转运营口，冬令有由海山寨、大石桥、牛家屯等处火车转运者。地势适中，冬令交通最便。

常家屯盐滩

常家屯属盘蛇厅辖，在大洼车站西南十五里，至田庄台四十里间，其盐滩地方有烂石鳌、西夹信、南夹信、二道碛、二龙江等之分。然地势相连成段，共盐田二百四十三座，每座卤沟一道，纵横一百二十方里。各滩沟深而阔，易于入潮，每年每座产额约二百四十余石，重量陈轻新重，秋重夏轻，夏盐每斗六十二斤，秋盐六十七斤。陆地运往大洼，水路运往双台子，多由火车运赴西北各处。查该厂联络一气，易于管理，为各场之最。

复州盐滩

奉属盐滩，盖平、常家屯各滩外，尚有广宁、锦州、复州各滩皆为产盐之区，广、锦滩盐运吉路迂，可置而不议，复盐价值最廉，滩斗较盖平各滩为巨，而盐质最重，每盐十斗为一石，约合官秤六百七八十斤，其盐味甚佳，尤非盖属各滩所能及第。由复滩雇海船运盐至营口，沿海岸而行，须数日方至。运价每石须一元七八，加以汽车运金殊不合算，中途且有失水等险，若日后海运举行，购买复盐装汽船运入海参崴口转运吉省东北各岸，则运本一切当与盖盐无甚差别，亦采运局所当注意者也。

新辟盐滩

自东三省盐务总局整顿各滩后，销盐奇旺，原产滩盐几有供给不敷之势，于是奉省定章，无论官商，运盐一石，须纳沟捐小洋五分，将新旧卤沟一律疏浚，荒废各滩逐渐修复，并购买安东附近滩基数十里，拟新辟盐滩以资接济，现正派员踏勘绘图呈验云。

谨按：辽海沿岸延长千里，盐滩鳞错不可胜计，且天时地利随时变更，产盐多少原无定额，右（上）列各条仅就闻见所及并采录盐务总局调查各说，以备考证而已。附呈盖平、常家屯两滩总图略。

调查盐价情形

谨按：盖平及盘蛇厅各属盐价，分上盐、中盐、下盐三等，上盐运道最便，中盐次之，下盐又次之。以盘运出滩，运价贵贱为等第，非盐质果有上下也。其卖盐之法向不以秤，概用滩斗，斗口有大小，斗身有浅深，故重量不能画一，所幸滩广盐多，不甚贵重，商民交易亦无较及锱铢者。大约每斗亦不外六十四斤上下。奉省盐章以六百四十斤为一石，六百斤为正盐，四十斤为耗盐，正盐收课每石四元六角，耗盐无课，津贴卤耗者也。吉省官运定章，经东三省总局认可，于耗盐四十斤之外另有增加，若以增加之盐运吉后作为正盐发售，则盐本可轻，民间可无食贵之苦，公家亦有余利可沾。所虑者长途盘运，累日屯储，若非保管得人，则卤耗四十斤恐难限制耳。滩价去年正月至六月间最廉，七月以后有继长增高之势，兹将调查所及列表如左（下）：

第一表　光绪三十三年盖平县各滩盐价表

月份 \ 石价 \ 地名	二道沟	三道沟	红旗厂	蓝旗厂
每　　　石				
正　月	九角至一元	八角至一元	九　　角	一　　元
二　月	九角至一元	八　　角	一　　元	一元二角
三　月	九角至一元	八　　角	一　　元	一元二角
四　月	一元至一元二角	一　　元	一　　元	一　　元
五　月	一　　元	八角至九角	一　　元	一　　元
六　月	七角至八角	七　　角	一　　元	九　　角
七　月	一元五六角	一元四五角	一元四五角	一元六七角
八　月	一元五六角	一元四五角	一元四五角	一元六七角
九　月	一元三四角	一元二三角	一元三四角	一元四五角
十　月	一元一二角	一元一二角	八　九　角	一元左右
十一月	一元二三角	一元三四角	一元四五角	一元左右
十二月	一元三四角	一元三四角	一元五六角	一元一二角

光绪三十四年盖平县各滩盐价表

月份 \ 石价 \ 地名	二道沟	三道沟	红旗厂	蓝旗厂
每　　　石				
正　月	一元四五角	一元五六角	一元八九角	一元至一元三角
二　月	一元五六角	一元五六角	一元八九角	一元三至一元五角
三　月	一元五六角	一元五六角	一元八九角	一元四五角
四　月	一元五六角	一元五六角	一元八九角	一元四五角
五　月	一元六七角	一元四五角	一元七八角	一元五至一元八角

第二表　光绪三十三年磐蛇厅盐滩盐价表

月份 ＼ 贵贱价值石价	贵　时	贱　时	平　均
	每　　　石		
正　月	一元九角	一元七角	一元八角
二　月	一元七角	一元六角	一元六角五分
三　月	一元八角	一元七角	一元七角五分
四　月	二　元	一元八角	一元九角
五　月	二元三角	二　元	二元一角五分
六　月	二元五角	二元四角	二元四角五分
七　月	二元八角	二元六角	二元七角
八　月	二元九角	二元七角	二元八角
九　月	三元一角	二元七角	二元九角
十　月	二元七角	二元六角	二元六角五分
十一月	二元六角	二元三角	二元四角五分
十二月	二元七角	二元一角	二元四角

光绪三十四年磐蛇厅盐滩盐价表

月份 ＼ 贵贱价值石价	贵　时	贱　时	平　均
	每　　　石		
正　月	三　元	二元七角	二元八角五分
二　月	三　元	二元八角	二元九角
三　月	二　元	一元八角	一元九角
四　月	一元六角	一元四角	一元五角
五　月	一元四角	一元二角	一元三角
六　月	一元三角	一元二角	一元二角五分

买滩须知

官运之法无他，贱入贵出而已，滩盐价贱时，无论销数如何，必须乘机多购，日后滩盐价涨，人贵我贱，则私贩可绝，官利可操，历来治鹾能手不外乎此。唯奉省盐滩向例，如三月购盐，在八月以内收运，均系十足，过期则以八成交付，自九月至二月亦然，买滩者不可不知也。

调查运道情形

谨按：奉盐运吉之道有三：自二三道沟、红蓝旗厂、常家屯一带，天寒地冻时以大车拉运，取道开原、铁岭，由海龙府西丰县之火石岭子入吉省伊通州属，或由西安县入吉省磐石县属，或由昌图府奉化县之朝阳堡入吉省长春府属，或由洮南府越蒙古草地入吉省长岭县及新城府属，是为旧道。河冰开冻后，由营口装载槽船，拨船入辽河，过铁岭县界至法库门、通江口等处上岸，再由大车运入吉界，是为水道。由盖平、大石桥、牛家屯、海山站等处，上南满洲汽车直达吉省长春府，是为铁道。从前旧道运盐最多，近年汽车畅行，民车日少，光绪三十一年间由吉赴营大车约七千余辆，三十二年约五千余两，三十三年减至二千辆，优胜劣败，旧道已不可恃。水道运盐已数十年，近以辽河淤塞，岁久失修，小船停搁，非得雨不能行驶，故奉省所销食盐归水道者近已甚少。遑论吉盐汽车廉价，期速最称便利。未办官运以前，奉吉两省商盐十分之八已趋铁道，是以吉省盐捐局收额，从前首推白龙驹，自汽车通行后白龙驹收数锐减，而铁道扼要之烧锅甸一卡，收数骤涨几及十倍，即此可见一斑。唯官盐全归铁路，利权外溢，亦属可虞，酌盈剂虚，是在能者。

民车运价及盛衰状况

民车运盐大半系车户自运自售，故无运价可言。间有各处铺商雇运货物至吉者，以重量相比例。三十一至三十二年运资每件重一百二三十斤，价贵至五元，贱至三元。三十三年贵价时仅二元五六，贱至一元二三不等。凡吉林大车至营口一带名曰边车。边车由营口〔至〕长春天晴约八九日可到，旧时营口大车行约四五十家，近以车业日衰，相继歇业，现存者除东山店、牛车店外，仅存二十二家，其行名如左（下）：

三益、福源、顺成、顺昌、同发、福兴、合兴、福昌、裕增、义新、福成、裕丰、同聚、同增、德有、德兴、永成、丰德、福聚、新顺、吉庆、同顺。

河运大概

河运船只有三种：一拨船、二槽船、三牛船。各船出海入河本可自由，自营口设立船票局，凡船只出海均须起票，票费每张十四元，是为大票，起大票后每出海一次须再起小票一纸，票费一元。牛船无力起票，故出海装盐入河转运者，以槽船子、拨船子为多。夏季由近海二、三道沟盐滩运盐至牛

清代吉林盐政

家屯汽车站，贵价时每担一元五六，贱价时七、八角之谱。若转入辽河运至通江口上岸，每担运资约三元至四元不等。由通江口至长春，夏季车辆绝少，每石车价亦须三四元以外。冬季车价稍廉，而河冻冰坚，又归无用。若兴河运须在通江口设仓，夏运冬盘，方为得计。第近日河道淤塞，由营口至通江口，若雨水稍阙，累月不达，故辽河运务已将歇绝，疏浚之工，断难稍缓。

铁道运法

南满铁道贯通以后，营口、大连一带商货趋之若鹜，握两省之利权，操百商之命脉，运盐仅一部分耳。铁道公司定章，盐斤列二等货，每吨自营至长收运金日币九元有奇，自官运合同订立后，每吨运价减至日币七元六角五，唯合同范围以营口、牛家屯车站起至长春车站止，其余各处不在减价之列。凡官盐起运时，须先将东三省专运吉省之盐票呈验后方许装车。未装车以前，盐包堆积车站为日无多，毋庸给款，设日久未运须酌纳站租，日后若能在牛家屯车站边由采运局建一囤仓，将购到滩盐陆续运仓存储，随时装车运送，则利益当复不少。

海运预计

除旧道、水道、铁道而外，尚有运盐一法，则海运是也。海运扼要，宜先将应运盐斤积成大批，囤积海岸，雇轮装载出海，运至海参崴口，附东清铁道汽车盘入吉省，其利甚厚：1.船价水脚较之车价仅需十分之七。2.由滩至岸，由岸上轮，盘驳悉由水道，人工抬力必省。3.吉属自宁古塔至哈尔滨一带，地处东北，由长运往，运金极巨，若改由崴岸输入，车价或可从廉。唯中途失水，或水手挽运私盐，或驶至经过海岸盗卖各弊，亦不可不防，第经理果得其人，究属利多弊少，他日必有采用此法者。

余　论

三省办理官运最足，坏我主权者，旅顺附近之日盐而已。现在各属官运定价尚廉，加以车运合同甫经订定，彼图运金之利，尚不至公然贩私。日后食户日众，盐价稍昂，则日私潜灌之事必不能免，虽日日与之交涉，而铁道属地既广，东省民情日趋狡黠，将有防不胜防之势。欲求善后之策，宜联合三省盐局财力，乘此时与彼订约，将旅顺、金州各处盐滩一律归官租赁，订立年限，凡在限期以内，该滩地归三省盐局管辖，公派妥员经理，晒出盐斤匀付三省，以其售价抵补租金，必有余利。并于合同内订明租赁地之外，彼国不得另辟盐滩，挠我盐政，则此后东省盐务利出一孔，裨益实非浅鲜。

吉省开办官运，年认课额二十万石，为数颇巨。创办之始，第一年断难及额，第调查吉林各属每岁入盐按照饷捐局征收盐捐之数，核计将及十六万石左右，以后吉界荒地日辟，户口日增，加以南绝日私，北禁俄贩，官销不难及额。兹就调查所及，姑列一表，以备参考。虽表中所列盐数有甲地收入转运乙地，仍作入盐核计者，然从前盐捐收法未善，难保无隐匿少报之弊，以彼抵此，所差无几。兹将吉省各属全年入盐表，列左（下）备考。

附：调查吉林省全境常年入盐斤数开列一览表

地名	入盐	斤数
省城		三百零四万八千六百七十八斤
长春及农安		八百一十二万七千五百七十七斤
阿城及宾州	入	一千万零零六千七百九十三斤
伊通及磐石		六百一十万零一千三百八十三斤
双城及拉林		三百九十六万六千五百四十五斤
伯都及新城		二百零三万七千六百八十斤
珲春及南冈		一百一十三万三千九百六十三斤
塔城及三岔口		一百二十七万五千五百八十四斤
五常及山河屯		六十万零五千三百零七斤
三姓		五十九万五千三百八十七斤
哈尔滨		一千一百八十八万二千八百五十八斤
由白龙驹		二千四百零九万三千二百七十斤
由烧锅甸	盐	一千五百三十三万五千五百八十九斤
由三道岗		一千三百六十四万零二百九十二斤
由新安镇		二百一十五万三千三百六十三斤
由南城子		七百二十八万四千零一十斤
以上总计入盐一亿一千一百二十八万八千二百七十九斤		

农安县李澍恩调查销盐情形文

大人阁下敬禀者。窃卑职前奉宪台面谕，拟整顿盐政，于各属设立官盐局，派委员经理。饬即将近年盐斤销数价值调查禀办，等因奉此。卑职伏查吉省盐斤，向系商家带卖，其货之高下不齐，价之涨落无定，近来洋盐灌浸，销路日滞，上亏国课，下累商民，莫此为甚。我宪台有鉴于此，急谋补救，仰见裕国便民之至意，莫名钦佩。第念兹事体大，非将来源、销路、价格逐一调查明晰，殊无把握，当经饬派妥人分谕商会，将光绪三十二、三十三年销盐斤数、价值分别查报。去后，兹查得卑县盐斤均系来自奉天、营口等处，乡镇尽购尽卖，并无屯积。转运县城则有运赴江东一路，其重量视来源之多寡为衡，亦无定额。三十二年(1906)共输入盐六百六十八万余斤，每百斤平均价值十吊至十六吊不等，售价十一吊至十五吊不等。三十三年共输入盐二百一十八万余斤，平均价值六吊至八吊不等，售价七吊至十一吊不等。核计盈虚，三十二年价值较高而城商均皆亏耗，盖自三十一年日俄开战，道路梗塞，商贩裹足，迨至和议告成，来源畅旺，供逾所求，价值骤落，各商进货在先，因之亏折。三十三年出入相抵，价值平平，无甚涨落，各商均尚有盈无绌。此两年中来源、销路之大较也。至于城乡价值之高下，虽置本略有贵贱，而尤以运路之远近为差率，此则限于地，势不能齐一者也。然按之现查之数，卑县全境除运销外城不计外，售诸本地者每年二百有余万斤，将来改归官办设局运销，随在需人而理，恐由县办理事务较繁，未能兼筹并顾，似宜派委专员，俾责有所归，可以徐图整顿。此又卑职一得之愚，不敢不上贡宪听者也。所有卑职遵饬调查卑县盐斤运销数目，理合分年列表专肃禀陈，仰祈大人鉴核办理，批示祗遵。恭请钧安，伏乞垂鉴。卑职澍恩谨禀。

　　计禀呈表二纸

光绪三十一年农安县岁入岁出食盐统计表

镇名	岁入盐斤数目	置本价值（每百斤暨共数）	出价值暨（每百斤暨共数）	比较	行销地名	出产
太平山	三万二千九百六十三	十一品 / 三千一百九十三品六百文	十一品 / 三千五百一十品九百六十文	多一品 / 多三百二十一品六十三文	当地	奉省
利发盛	一万二千九百	十一品 / 一千二百九十品	十一品 / 一千四百一十九品	多一品 / 多一百二十九品	当地	奉省
新安镇	一万五千五百三十	十一品 / 一千五百八十三品一百文	十一品 / 一千八百六十三品八百四十文	多二品 / 多三百一十品零六百四十文	当地	新民屯
伏龙泉	八万七千八百三十	十一品 / 九千六百六十一品三百文	十二品 / 一万零五百三十九品六百文	多一品 / 多八百七十八品三百文	当地	营口
哈哩海城子	一万四千二百五十	十三品 / 一千八百五十九品五百文	十五品 / 二千一百三十二品五百文	多二品 / 多二百八十三品	当地	奉省
高家店	三万二千五百八十三	十四品 / 三千零三十一品四百八十文	十五品 / 三千二百三十三品五百文	多一品 / 多二百零二品八百三十文	当地	通江子
靠山屯	十七万四千四百零六	十四品 / 二万四千四百二十六品八百四十文	十五品 / 二万六千一百六十品零九百文	多一品 / 多一千七百四十四品零六十文	当地	奉省
巴吉垒	一千四百一十二	十三品 / 一百八十三品五百六十文	十四品 / 一百九十七品六百八十文	多一品 / 多十四品一百二十文	当地	营口
萦苏台	一千六百	十品 / 一百六十品	十二品 / 一百九十二品	多二品 / 多三十二品	当地	新民屯
万金塔	二千二百三十五	十四品 / 三百一十三品九百文	十四品 / 三百一十三品九百文	同 / 同	当地	通江子
三盛永	一万五千八百零四	十六品 / 二千五百二十八品六百四十文	十一品 / 一千七百三十八品四百四十文	少五品 / 少七百九十品零二百文	当地	奉省
三盛玉	四千零八十	十二品 / 四百八十九品六百文	十二品 / 四百八十九品六百文	同 / 同	当地	奉省
本城	六百三十万零三千六百八十三	十二品 / 七十五万六千三百二十一品九百六十文	运城三百五十一万六千二百九十六斤十二品一百八十九品 / 四十二万二千九百五十六品五百二十文；九品 / 二十五万零七百一十四品八百三十文	同 / 同；少三品 / 少八万三千五百三十一文	江东、当地	奉省
全盛统计	六百八十万六千二百五十	八十二万五千四百九十七品五百八十文	七十一万四千五百二十九品零六百文	少八万零九百五十五品五百三十文		

光绪三十三年农安县岁入岁出食盐统计表

镇名	出入盐斤数目	置本价值 每百斤暨共数	售出价值 每百斤暨共数	比较	地名行销	出产
太平山	十万九千七百七十三	八品 八千一百五十七品七百六十文	九品 九千一百七十三品四百八十文	多一品 多一千零一十九品七百三十文	当地	奉省
利发盛	一万二千二百二十	九品 二千一百八十九品八百文	十品 二千三百二十品	多一品 多一百三十一品一百文	当地	奉省
蔚安镇	一万一千二百五十九	八品 九百九十品零七百三十文	十品 一千一百二十五品九百文	多一品 多一百三十五品一百八十文	当地	奉省
伏龙泉	七万三千九百八十八	六品 四千四百三十品八百文 二百	七品 五千一百七十九品一百六十文	多一品 多七百三十九品三百四十文	当地	奉省
哈喇子	六千六百九十二	六品 四百零一品五百四十文	八品 五百三十五品二百六十文	多一品 多一百三十三品七百二十文	当地	奉省
高家店	一万二千六百七十	八品 九百三十品六百文	十品 一千一百八十三品七百文 零二百文	多三品 多二百五十品	当地	营口
靠山屯	十万五千五百三十 一百	八品 一万零八百七十一品零五十文	九品 一万二千四百二十五品二百文	多一品 多一千五百五十三品一百五十文	当地	奉省
巴吉垒	一千七百二十	八品 一百九十二品九百文	八品 二百一十一品六百文	多一品 多一十七品七百文	当地	营口
桨苏台	一千九百五十	八品 一百五十六品	十品 一百九十五品	多一品 三十九品	当地	奉省
三盛永	五万三千零八十二	七品 三千五百七十五品七百四十文	十品 五千一百零八品一百文	多三品 多一千五百三十二品四百六十文	当地	奉省
三盛玉	二千九百二十三	八品 二百三十一品九百六十文	八品 二百三十一品九百六十文	同	当地	营口
本城	二百七十五万 零七百七十五	六品五百文	运外城七十六万五千五百三十斤品五百文	同	江东	奉省
		十一万二千七百七十 四品七百七十四文	四万九千七百四十品 五百四十文	同		
			七品 六万九千五百六十文	多五百文	当地	奉省
			六万九千五百六十九品一百六十文	多四千九百六十九文		
统计全县	三百二十八万 三千一百零五万	十四万四千八百三十 七品一百零四文	十五万五千五百四十品 零一百五十四文	多一万七千七百一十 一品四百五十文		

署农安县知县为详覆事。光绪三十四年四月十八日奉宪台批，卑县禀遵饬调查岁出入食盐斤数、价目填表，禀送查核由。奉批，据禀陈该县光绪三十二、三十三两年盐市涨落情形，并送岁入岁出食盐统计表两份，调查赅晰，胪列详明，于本局办理官运多所匡益，深堪嘉许，已通行各属照式填送以供参考。至该县四境与何处交界、食盐来源以何处为入口，望仍绘图附表呈送一份，俾定运道而科成本，仰即遵照办理，切切缴等因，奉此。卑职遵查县境，东界松花江，过江为伯都讷，西至达尔汗王地，南至长春府界，西南为怀德县境，北与蒙界相连。食盐一项向系来自奉天、营口、通江等处运入县境。以长春一路为多，而怀德次之。此外并无入口。长春至县一百四十里，怀德至利发盛一百六十里，若于县城设立总局，县西之利发盛设立分局，转运各处较为便利，理合绘图列表，具文详复，仰祈宪台查核办理，为此备文具详，伏乞照详施行。

札发谢委员调查蜂蜜山一带销盐情形折　附原折

为行知事。案照蜂蜜山等处盐务情形，前经本司面谕该处招垦总局提调谢令楫调查，兹据该令查明蜂蜜山、呢吗等处盐斤销数、价目、运道情形，开折禀送前来，合亟抄折行知，为此札仰该员等即便遵照，迅为筹办，仍先具报查考，切切特札。

札　阿什河官运局委员 张汝明 过寿彭

附　谢令调查原折

一、蜂蜜山招垦总局提调谢楫谨将调查蜂蜜山、呢吗等处盐斤销数、价目、运道情形理合缮折恭呈宪鉴。

计　开

一、蜂蜜山旧有居民约五百余户，共计男女五千余名口。河北居民向日无多，今春新来垦户分居河北及河南者约一万余名，日用盐斤年须三十万斤，向由双城子、呢吗口转运，华盐居十之二三，俄盐居十之七八，俄盐较华盐色白粒小，而味较淡，价值相等，每斤售官帖钱二百文，如专运蜂蜜山一处，则由火车运至八站，再由陆路运至山内，每百斤大车运费需官钱一百三十吊之谱。若运蜂蜜山兼呢吗口两处，自以由哈尔滨装船至三姓，由陆路载至蜂蜜山再行分别转运较为简易。

一、呢吗口居民约三百二十五户，近由俄界迁来者百余户，共计男女二千六百余名口，日用盐斤年须三万余斤，秋令达玛哈鱼市需盐万余斤，该处向无华盐，均取资于俄境，查俄盐色白味淡，又复禁令森严，不准出口，我民日食所需均系暗中偷运，犯人禁令，损我主权，殊属不成事体。输运华盐须由哈尔滨装船，顺松花江流至三姓城改登陆路，唯夏秋横河难渡，春冬则可期畅行。计自三姓城东南行经山咀子屯至苇子沟、庙岭、二道河、大驼腰山、鸡心河、杏树沟河、大小碾子河、小驼腰山、七里缶、六人班、石头河至此，即渡穆棱河南至蜂蜜山招垦分局，由分局奔夏地河，渡穆棱河，北至半拉窝集、苏尔德索鲁营，渡斐德河至傅家椋子、穆棱河口、桦树林子、西大林子、南江沿即抵呢吗口也，计陆路九百里，水路八百里。再俄盐现价值每华秤十二两合俄秤一斤，羌钱二分五厘折合官帖钱一百文。

珲春副都统咨请调查珲属盐务文　附本省公署覆文

钦命署理珲春地方副都统郭为咨呈事，案准大咨，以吉省地方辽阔，外盐浸灌及邻境充销，在在可虞，缉私局限于经费，势难遍设，自应责成地方文武员弁及巡警、巡防各局队，随时随地认真查缉，以遏私源。兹酌定协缉事宜六则，抄粘咨会转饬所属一体遵照办理，等因准此。查珲春创办官运前，据铺商马善平等禀请承销，业经咨准贵督抚部堂院以各属承销官盐，总商均须预缴押岸方准承销，且该处每年销盐若干，尚无把握，应由局派员驰往调查情形，禀复到日，即行分别酌办，请饬该商备具押岸呈候公署核夺等因。即经转谕该商遵照在案，唯珲春向无官盐销售，民间所食大抵来自俄境，固因官不运销，任其浸灌，亦由俄盐路近价贱所致，即呈请承销之珲商闻亦初次创办，所有节省运费、减轻成本及堵绝外盐、开通销路各要端，均未能确有把握，须俟省局委员到后听候调查酌办。应请转饬官运总局即行派员来珲调查运盐道路、销售数目及筹议禁遏外私办法，俾得迅速开办。至协缉私盐章程，一俟官盐开运，即当严饬切实遵行，以遏私源。承准前因，理合备文咨请，为此咨呈贵督抚部堂院谨请察照转饬官运总局，迅速派员来珲以资调查禀覆酌办，仍祈示覆施行，须至咨呈者。

右咨呈督抚部堂院

为咨覆事。度支司案呈，准贵副都统咨开，案查珲春地方向无官盐销售，民间所食大抵来自俄境，虽珲商禀请承销，亦系创办，所有节省运费、减轻成本及堵绝外盐、开通销路各节，均无把握，应请转饬官运总局派员来珲调查一切，俾得开办等因，准此。查此案前据珲春商务分会呈：据本街铺商马善平等六名呈请集股包办延珲全境官盐，以便销售等情。当由官运总局札派署延吉厅巡检程鹏，就近前往珲春调查该会所呈铺商各号是否殷实，马善平等是否公正，所招股本是否确实，珲延两属拟设官运局，宜如何筹运筹销方为合法，切实具覆，去后迄未据覆，应俟该员查覆到日再行核办，相应咨覆贵副都统，请烦查照施行，须至咨者。

右咨　珲春副都统郭

署理延吉程巡检禀覆调查珲属盐务文　附图

署延吉厅巡检程鹏谨禀

大人阁下：敬禀者，窃卑职前在省城面奉谕饬调查延吉全境官运一事，卑职回延后，遵即亲赴珲春暨沿江一带详查食盐之来源、销数之多寡并价值低昂、道路远近，理合逐条开列，绘图贴说，恭呈宪鉴。

延珲食盐共有三种：一曰大粒盐，由营口、山东海运入俄之海参崴，仍由水运四百余里转入磨口崴，改装陆路运输入珲春，陆路仅一百三十里。现海参崴之华商福记公司专运此盐，销售宁珲一带，珲既舍舟登陆，相距匪遥，宁则火车载运，自五站入口。该公司每年销数并塔城卖价，此间虽无从查考，而珲城商家运售，核计资本、税厘、运价，每百斤至贵不过市钱十一二吊，平日零卖则在十五六吊，延市买卖尚须增运税钱四五吊。此盐色白成粒，凡殷实商民多愿食此，故价亦在所不惜。

一曰火盐，虽出自俄界罕奇，仍系华商年出俄钱二三百吊，租地设锅煮盐，常年十余家至二十家不等。该处距珲仅七十里，运易本轻，珲市零售每斤市钱一百上下，若购买多数，每百斤不过市钱八九吊。此盐色黑成面，因其价廉，民食称便。光绪三十二年，宁古塔副都统以俄盐进口一案，曾经奉文通饬严禁，奈山路歧出，冒险私运者仍复不少。现闻俄人亦有断运禁烧之举，乃彼族查禁不力，俄巡唯利是图，盐锅私烧者尚有五家，以故车驮运入络绎弗绝。

一曰韩盐，其色与火盐相似，其价亦与火盐相等，系由韩之清津运入。盖清津自开海口，日人建筑轻便铁路直达会宁，与延界一江之隔，入厅街仅一百二十里，现时延珲商家虽未购运此盐，而厅南沿江一带境内韩民大半食此，且与集市中间有零售者日久，亦足为官盐之害。

销数火盐居多，大粒盐次之，韩盐又次之。缘会宁铁道成工未久，韩盐不过零星运入。若以延珲全境旗籍华韩九万余丁，每人按月食盐一斤计之，数仅百余万，加以此间北销塔界，西入敦城，故据延珲商会所查每年进口数在一百五十余万，坐地销者居其大半，外销塔、敦两处者亦居其小半也。

以上系延吉现时盐务情形。唯思此间幅员辽阔，道路分歧，西通敦化，北界绥芬，东与俄疆接壤，南同朝鲜毗连，食盐尽由外输，公家只收捐厘，向未筹及办法，商人任意贩运，但视利之所在，从无官私之分。兹既实行官运，首在堵绝外盐，乃华韩杂处性质各有不同，往日俄强权，办理诸多棘手，在华民绳之以法，不难就我范围，而韩人心有所恃，尤虑外来干预，情状之难甲于全省，谨就卑职管见所及，筹拟入手办法，陈列四条于左（下），上贡钧聪，伏祈俯赐，采择施行。

一、禁私烧。查罕奇设锅煮盐由来已久，民食习惯，几非此盐不足以供日用，若不设法禁绝，无论如何巡缉难免私运私销，纵华民畏法遵守，而韩民往往身负马驮，诚恐因此生事，况火盐妨害官运，合延、珲、敦、绥受其影响乎。夫盐为我国专利之品，不容外人侵越，载在约章，好在中俄邦交尚睦，且系华商私烧，每年所出租税有限，与彼无大关系，应请知照驻崴之桂领事，商允俄官实力禁止最为要务。

二、假运道。延珲西北两路交通来往不便，以故商货大半来于俄之海参崴，现在开办官运，姑无论由省转运维艰，即由营口火车装运宁古塔，按日俄车价核算，每百斤约需中钱十吊有奇，再由塔城转运延珲六百里，即照冬令平价亦需中钱六吊之外，二共运价十六七吊，加以盐底税厘、官局经费、商人余利，又需中钱十余吊，民间食盐一斤即费市钱三百，似非便民之道。倘能假道于俄，仍由营口海运至崴，核计水脚每百斤约需中钱一吊五百，再由崴转运到珲，船价脚力不过中钱两吊二，运价三吊五百，加以盐底税厘各项十余吊，每斤售钱一百五六十文足矣。比较陆运数减一倍。但假路于人须有限制，延珲每年销盐一百五十万，如按春秋两季卸船二次，即敷全境销数，现时福记公司倡办于前，该商力既能致公家，似不难达其目的，应请宪局知照桂领事与彼商订，抑或详请宪照会驻俄使臣办理，既于彼之权利毫末无损，谅不至刁难也。

三、缉私贩。延吉东俄、南韩，道路丛杂，如东路禁罕奇之烧，止福记之运，并于珲南二十五里之二道河子，西南九十里之黑顶子两处设卡巡缉，自可无虞外盐之侵灌。而厅南图们江上下四百余里，若于和龙峪之西南江口距厅一百里，又光霁峪距厅一百二十里，又凉水泉子距厅一百五十里，三处设立缉私局卡。在夏令江水阻隔，各局卡联络梭巡，自难飞越而过。一至冬令江冰凝结处处可通，唯有令各局卡添募马巡沿江查缉，庶期周密而臻妥善。

四、立专局。伏查宪局定章，官运商销各城多由商人包办，此间情形既异，时势为难，即有殷实盐商承认，而禁烧、假道以及设卡缉私诸大端，断非商力所能组织，矧外患近逼，时寻隙端，与其商包无益，曷若仍归官办，遇事差可抵制。应请延珲两处各设一局，专司转运、督销、缉私各事，盐至则发商购卖，局中不得零售，以崇政体。至于局中常年经费，虽明知为数甚巨，乃因地制宜，因时相应，裨于延珲者其事小，碍于绥敦者其事大，况全局所关，公家又何顾惜此费也。

以上四条仅就卑职所知者略举大纲，上献刍荛，其余一切细目须在随时酌核，至究应如何办理之处，我大人权衡在握，全局统筹，自非下吏所敢妄参末议也。是否有当，恭候批示祗遵，肃禀敬叩福安，伏惟垂鉴。

卑职程鹏谨禀

附呈图说一纸〔略〕

开创类

详请刊发官运总局及长春官运局营口采运局各关防文

为详请事。窃照吉省开办官运局务，业经本署司会同东三省盐务总局议订章程，会详在案。兹查官运开办之始，拟先设总局及长春分局、营口采运局三处。所有各局钤盖文牍、呈造册报等事，均应请领关防，以资信守。应请宪台饬文案处刊刻木质关防三颗：一曰吉林全省官运总局关防；一曰长春官运局之关防；一曰营口采运局之关防，札发本署司承领，分别开用。是否有当，理合具文详请宪台察核，俯赐批示祗遵，实为公便。为此备由呈乞照详施行。须至详者。

光绪三十四年三月初七日奉吉林行省督抚宪批：详悉。候饬。分别照式刊刻。另札发交转颁祗领启用，以昭信守。仰即知照。缴。

申报开办吉林官运总局日期文

为申报事。窃查吉省开办官运事务，业经本署司会同东三省盐务总局拟订章程，选派委员请领关防，先后详蒙宪台批准颁发各在案。本署司遵于本年三月十六日开办吉林官运总局，除申报移行外，理合具文申报宪台察核，伏乞照验施行。须至申者。

右申奉天吉林行省督抚宪

申报启用官运总局关防日期文

为申报事。案奉宪台札开，据司详吉省开办官运，拟在省城先设总局，长春设立分局，营口分设采运局各一处，请发关防以资钤用等情，据此，当经批准在案。兹已刊就木质关防三颗：一曰吉林全省官运总局关防；一曰长春官运局之关防；一曰营口采运局之关防，一并饬发转颁祗领启用，移行各衙门知照，仍将启用日期报查等因。计发关防三颗到司，奉此，除长春、营口两处关防启用日期另文具报外，其吉林全省官运总局关防遵于本年三月十六日启用。除分别移行外，理合具文申报宪台察核，为此备由具申，伏乞照验施行。须至申者。右申奉天吉林行省督抚宪

详委官运总局提调等差文

为详报事。窃奉宪台饬开办吉林全省官运盐务事件，业经本署司会同东三省盐务总局拟订开办章程十八条，另文会详宪台察核在案。

兹查官运局开办伊始，责重事繁，应将省会提调、文案、收支及长春官运局总办各员先行选委，俾专责成。

兹查有前福建候补知府张弧堪以委办省会官运总局提调事务，月支薪水公费银共一百五十两。留吉候补知县卢秉熔堪以委办省局文案事务，月支薪水公费银共六十两。留奉补用直隶州知州席庆恩堪以委办省局收支事务，月支薪水公费银共六十两，福建试用知府唐人寅堪以委充长春官运分局总办，月支薪水公费银二百两，以资办公。除移行外，理合具文详报宪台察核，俯赐批示祗遵，实为公便。为此备由呈乞照详施行。须至详者。

光绪三十四年三月初三日，奉吉林行省^{抚院}宪批：如详分别饬委，仰即知照。缴。

饬知官运总局提调张弧加给薪水专办盐务札

为札知事。窃照本文司牍一科前委官运局提调张守弧兼办。现在，官盐开运在即，局务较忙，不能兼顾。该守官运局提调月支薪水银一百五十两，拟请每月加给薪水银五十两，共银二百两，以资办公。除本文牍一差另行委员接办并呈报外，合行札知，札到该员即便知照，特札。

长局申报开办及启用关防日期文

长春官运局总办为申报事。案奉署度支司札开：吉林全省官运盐务事件，业经会同东三省盐务总局拟订开办章程十八条，会详^{抚院}宪察核在案。兹开办伊始，查有调吉福建知府唐人寅堪以委办长春官运局总办，月支薪水公费银共二百两等因，并蒙发下长春官运局之关防一颗。奉此，卑府遵于本年六月二十一日开办长春官运局务，并开用关防，以资信守。除分别申报移知外，理合备文申请宪台察核，伏乞照验施行。须至申者。右申吉林行省^{抚院}宪。

营局申报开办及启用关防日期文

吉林派驻营口采运局坐办委员为申报事。窃奉宪台札开：照得吉省办理官运应在营口设立采运局，派委专员办理采运盐斤事务，业经于局定采运章程内详奉批准在案。现在开运在即，亟应委员前赴营口驻办，以专责成。

兹查有该员堪以委充营口采运局坐办，月支薪水公费银共一百三十两，以资办公。除分别详明移知外，合行札饬。为此札仰该员立即束装起程，前赴营口遵照札指办理，毋负委任，切切特札等因，并蒙发下营口采运局之关防一颗，奉此，卑职遵于本年六月初一日开办营口采运局务，并开用关防，以资信守。除分别申报移知外，理合备文申请宪台察核，伏乞照验施行。须至申者。右申吉林行省督抚宪。

详请刊发各分局钤记文

为详请事。窃照吉省开办官运，业经先后订议章程，并拟添阿什河、宁古塔、双城、伊磐、新榆各分局，详奉批准在案。所有各分局钤盖文牍、呈送册报等事，均应颁发钤记，以资信守。应请宪台饬文案处刊刻木质钤记五颗：一曰阿什河官运分局之钤记；一曰宁古塔官运分局之钤记；一曰双城官运分局之钤记；一曰伊磐官运分局之钤记；一曰新榆官运分局之钤记，札发职局，分别转发承领开用。是否有当，理合具文详请宪台察核，俯赐批示祗遵，实为公便。为此备由呈乞照详施行。须至详者。一详吉林行省督抚宪。

光绪三十四年七月十九日，奉吉林行省督抚宪批：据详已悉，仰候饬处分别刊刻，另札颁发给领可也。此缴。

官运总分各局关防钤记表

局名	篆文	颁发日期	开用日期
总局	吉林全省官运总局关防	三月初七日	三月十六日
长春官运局	长春官运局之关防	三月初七日	六月二十一日
营口采运局	营口采运局之关防	三月初七日	六月初一日
阿什河分局	阿什河官运分局之钤记	七月二十三日	九月初一日
宁古塔分局	宁古塔官运分局之钤记	七月二十三日	九月初一日
双城分局	双城官运分局钤记	七月二十三日	八月初一日
伊磐分局	伊磐官运分局钤记	七月二十三日	八月初七日
新榆分局	新榆官运分局钤记	七月二十三日	九月初一日
长春总仓	长春总仓委员钤记	十月初九日	十月十八日
吉林省仓	吉林省仓委员钤记	十月初九日	十月十三日

局名	篆文	颁发日期	开用日期
长春缉私局	吉林官运缉私坐办关防	十一月十一日	十一月十七日
白龙驹缉私局	白龙驹缉私局委员钤记	十月十二日	十月二十一日
烧锅甸缉私局	烧锅甸缉私局委员钤记	十月十二日	十月二十二日
新安镇缉私局	新安镇缉私局委员钤记	十月十二日	十月二十六日
南城子缉私局	南城子缉私局委员钤记	十月十二日	十一月十三日
三道岗缉私局	三道岗缉私局委员钤记	十月十二日	十月二十四日

饬营长两局并各分局不准各委员预支薪水亏少公款文

为札饬事。照得长春官运、营口采运各局及各分局，均有随同办事员司及押运来往差遣各员，均经本总局酌定薪水，以资办公在案。唯各员人数既众，诚恐亏挪公款，合行札饬，札到各该局即便遵照。嗣后各局委员及差遣押运委员，除例定薪水按月定期给发外，不容预支挂欠及向各局员私相借贷等事。如有此情，日后亏少数目应由各局自行赔偿，本总局概不承认。至各员虽系本总局札委，而稽查不可不严。其有不知自爱，日事游荡或依势招谣哄骗商民者，应由各局委员随时查察，轻则随时开除，重则详报总局以凭察办，毋得徇情姑容，代人受过，并通知各委员一体遵照毋违。切切特札。

长春官运局
营口采运局
阿什河官运分局
札　　　　　宁古塔官运分局
双城官运分局
伊磐官运分局
新榆官运分局

官运总各局位置全图〔略〕

交涉类

会东三省盐务总局详南满洲铁道运盐订立专条文　附合同式样清折

_{东三省盐务总局}为详请事。窃照吉省开办官运局务，由奉省采运盐斤，完缴课_{署理吉林度支司}款，运吉专销，业经职局会同本署司拟订章程，详奉批准在案。

　　兹查吉省官盐开运在即，除随时酌量地势情形装配民车、河船分别运载外，其由营口运向长春总仓之盐斤，应由南满洲铁道输送者，自应先与订立专条，借以减省运费，堵绝私盐，于公款、官权两有裨益。先经本署司电托职局与南满洲铁道会社磋商办法，并派委张守弧到奉会同办理，现经职局抱定减价、绝私为本旨，以私法人之交涉资格，与该会社驻奉交涉官佐藤少佐一再协商，于本年五月二十四日订定吉林运送官盐合同正款六条、附则四条。理合抄录原文，详请宪台察核。如蒙允准，再由职局会同本署司与该会社换立正约，以昭慎重。除详_{奉天}公署外，为此备由具详。伏乞照详施行。须_{吉林}至详者。右详_{奉天}行省_{督宪}。_{吉林}　_{抚宪}。

　　光绪三十四年六月二十日，奉吉林行省批：据详已悉。会订南满铁道运送官盐合同正款六条、附则四条，尚属周妥，应准照办。仰即与该会社换立正约彼此保存，庶于公款、官权两有裨益，并候奉天公署批示。缴折附。

　　东三省盐务总局与南满洲铁道会社所订吉林官盐运输之合同开列如左（下）：

　　一、吉林官运局自营口向长春输送之官盐，均托南满洲铁道运送，其运金每一吨特定为日本币七元六十五钱（即照特定运金减十分之一）。其会社原定之普通货物运赁递减缴还条规尚得适用。

　　二、运金为便于结账起见，于阳历每月月抄结算交付。

　　三、官运局以无妨害于本铁道为限，于停车场附近之地得设引入支线或轻便铁道。

　　四、吉林官运局开办后，东三省盐务总局即发特别运票以凭运送，铁道会社除有此运票者照装之外，其余概不装运。

　　五、自营口至长春间之各车站在卸车之后，概允东三省盐务总局及吉林官运局所设缉私局员役之检查。

六、运送途中有损害时，均照公司定章负赔偿之责任。

附　则

一、此合同成立后若更有要商议之件，彼此得随时商订。

二、会社为吉林官运局委员往来之便，给免票若干张。

三、本合同自大清光绪三十四年七月初一日起实行。
　　　　　　　大日本明治四十一年七月二十八日

四、本合同欲废止时，须于三个月以前知照。

五、本合同以中、日两文彼此保存。

　　　右（上）草合同到期即先实行，彼此候长官批准后再换正合同。

东三省盐务局总办陆宗舆

会办杨毓璋

吉林官运局提调　张　弧

南满洲铁道会社奉天驻在员佐藤安之助

大清光绪三十四年五月二十九日订定。
日本明治四十一年六月二十七日

东三省盐务总局请运盐条件内加入数语缄　附佐藤原缄

敬启者：顷接佐藤少佐来信，以运盐条件前已彼此签字，唯尚须加入数语方能实行等语。兹将原缄寄呈，应如何议复之处，祈尊裁示复，以便转达是要。专此。敬请升安。

东三省盐务总局顿首

佐藤少佐请更正合同缄

敬启者：现奉本会社来函内开，吉林省官运局输送官盐之草约，应行附入后开各条，方足认可等语。兹特译录，函请贵总办查照为荷。即颂升祺。

佐藤安之助敬启

一、运输车费每月清算，将此一月内所用车费报知营口采运局查照，五日内由采运局将车费交付营口驿长。

二、官运局如欲建造轻便铁路及引入线，须先通知本会社认可，然后建设。

三、奉天、黑龙江二省于未经行用吉林运盐办法之先，则草约内第四第五两条专为吉林省内使用之盐适用。

四、草约内附则第二项委员乘车之免票，须预将员数限定，并于请领时由乘车人将凭证呈出，以便发给免票。

复东三省盐务总局更正合同原文缄　附清折合同稿

润生
济沧仁兄大人阁下：

顷奉来缄开：接南满洲铁道会社佐藤少佐缄称，吉林运送官盐，必须加入后开各条，方足认可等语。查核该公司来缄所拟加入各节均尚无关紧要，兹已由敝局将合同原文分别更正加入，请转达佐藤君即缄覆，以便交换正合同，是为至要。专此拜恳，敬请勋安。

吉林官运总局顿首

附更正合同稿一件

东三省盐务总局与南满洲铁道会社所订吉林官盐运输之合同开列如左（下）：

一、吉林官运局自营口向长春输送之官盐，均托南满洲铁道运送。其运金每一吨特定为日本币七元六十五钱，即照特定运金减十分之一，其会社原定之普通货物运赁递减缴还条规尚得适用。

二、运金为便于结账起见，于阳历每月月抄结算，将此一月内吉省运盐应给车费报知吉林派驻营口之采运局查照，五日内由采运局将车费交付营口驿长。

三、官运局以无妨害于本铁道为限，于停车场附近之地得设引入支线或轻便铁道。但建设时应先通知停车场之驿长查明，如果与本条宗旨不背即得建设。

四、吉林官运局开办后，东三省盐务总局即发特别运票以凭运送，铁道会社除有此运票者照装之外，其余概不装运。

五、自营口至长春间之各车站在卸车之后，概允东三省盐务总局及吉林官运局所设缉私局员役之检查。

六、运送途中有损害时，均照公司定章负赔偿之责任。

附　则

一、此合同成立后，若更有需要商议之件，彼此得随时商订。

二、会社为官运局委员往来之便给免票若干张，由吉林官运局先将员数预限定通知总会社，并于取票时由乘车人将凭证交出，以便发票。

三、奉天、黑龙江二省，于未经行用吉林官盐输运办法之先，则合同内第四第五两条专为吉林省内官盐之适用。

四、本合同自_{大清光绪三十四年七月初一日}
大日本明治四十一年七月二十八日起实行。

五、本合同欲废止时，须于三个月以前知照。

六、本合同以中、日两文彼此保存。

右（上）草合同到期即先行实行，彼此候长官批准后再换正合同。

详委员前赴海参崴收买福记公司盐斤文

为详明事。窃案照海参崴福记公司存盐，奉督宪抚宪谕饬：由吉省官运局派员速往收买，以恤商艰等因。奉此，查崴埠福记公司存盐加收课税等项，前经札委卢令秉熔前往办理，并调查该公司按季售盐例价以及汽车运费，回省报告在案。此次收买崴盐，自应仍委卢令前往，以资熟手。除开具条款札委会同该埠商务交涉委员桂道妥为办理外，理合具文详明，仰祈宪台鉴核。并请分行哈尔滨关道暨崴埠商务交涉委员桂道知照。须至详者。

计呈清折一扣

一详　奉天吉林行省督宪抚宪

前事云至，除开具条款详明督宪抚宪外，合行开单札饬，札到该员即便遵照，刻日束装前往海参崴，会同桂道查照单开指饬事宜，妥为办理具报。该员毋稍迟延。切切特札。

计粘单

一札　委员卢令秉熔

光绪三十四年七月十九日，奉吉林行省督宪抚宪批：详折均悉。仰即备具堂稿呈，候分札滨关道暨崴埠商务交涉委员桂道一体查照办理。缴。折存。

公署札委卢令秉熔前往海参崴收买盐斤并饬关道等遵照办理文

为札饬委事。

吉林官运总局案呈，照得海参崴福记公司存盐，前经委员查办，议明加收课税，只准运销吉省一万石。现在吉省官盐业已开运，堵截各口不准外盐倒灌，所有已准运吉尚未售竣之崴盐，应即由吉林官运总局收买，以免有碍官销。除派委卢令秉熔前往海参崴收买转运，并开列条款饬委遵办暨发运照分行外，合行札饬委，札到该道员即便查照。后列条款拨款交委办理会委妥委办理。切切特札。

```
哈　尔　滨　关　道
海参崴商埠交涉委员桂道
一
阿什河官运分局委员
札
宁古塔官运分局委员
```

计粘抄

一、福记公司准运吉省之盐，先经饬令停运二万包，准运一万石，除已销售外，现在实存若干，先行查明确数。

一、已销之盐，如已经由桂道发照运入吉省者，应饬桂道将遵照前案收过课税厘公费等款，交卢该令带回。

一、未售之盐由官收买，请发运照一百张，盖用吉林行省关防，由委员先与税关接洽，凭照装运过关。

一、该公司盐斤现在发贩价值以及汽车运费、搬力等项，应由委员会同桂道确切查明，并调已销吉省商贩发票比对，以昭核实而便定价。

一、盐价运费等项，均系羌帖。官盐收买后应给该公司，盐本应与议明分期交付款，由哈尔滨关道暂垫，由阿什河官运分局就近拨还。

一、崴盐向销宁古塔、阿什河一带，应与各该分局委员商明酌量分存发商，以免周转。

一、官盐收买进五站税关毕，即由委员与哈尔滨道商明，自此次装运官盐入关后，以后凡未经东三省督抚特别照会者，虽执有海参崴商务委员凭照亦不得通融验放，以符外盐不准入口之定例。

申请印发运照交委带往海参崴收买食盐文

为申请事。窃照海参崴福记公司存盐业经详明，派员前往收买。所有需用运照现已拟就，刷印一百张，编列号数，应请宪台盖印饬发，以便交委带往应用。理合备文申请，为此申请宪台鉴核，饬印发局，实为公便。须至申者。计申送运照一百张。

一申　吉林行省護撫宪

光绪三十四年七月二十六日，奉吉林行省護撫宪批：已将送到运照一百张，分别盖印饬发卢委员带往应用矣，仰即知照。抄由批发，照式存。

崴盐交涉电文

吉林朱大帅鉴：

查福记公司运往崴埠之盐，除二万包饬令停运外，余只二万包到埠。闻已私运一万包进口，现存者应只一万包。其私运进口之盐曾电饬杜道追究，迄未查覆。据税务司报告：曾将此项私盐抽收关税，鄙意颇不谓然。诚以盐斤不能照关率抽收，此例一开，甚恐外人借口。

绥芬缉私一节，税务司自认为税关责任，甚愿兼办。税关缉私，系照约办理，觉为妥善，似可照准。应毋庸再行派员驻口，以省经费而免分歧。唯此后界口无论华洋商盐宜一概禁绝，不准再有照关率抽税情事，方可符约章而维盐政。

此刻，崴埠福记余存之盐，由官买收，自属正办。唯计算只一万包，不能有一万石，且崴埠亦可销盐，似毋庸尽买进口，至收买之官盐，进口时宜特发执照作为官物，只准查验放行，不准令再抽关税。去年营口税关曾就此办法至绥芬税关兼办缉私一节，已饬盐务局函请吉林度支司禀商左右，尊意以为然。应即电饬照办，以期速禁外私，仍乞卓裁示覆。昌有印。五月二十六日奉天来电。

七月初五日奉天来电

吉林朱经帅鉴：

　　崴埠福记公司存盐由吉派员收买，应照前次来电办理，业经电覆在案。兹据崴埠桂道电称：福记公司存盐既蒙收买，该商甚感，迅饬速到崴办理等语。应请尊处饬官运局派员速往妥为办理，以恤商艰。为祷。昌微印。

七月十九日奉天来电

吉林朱大帅鉴：

　　盛崴埠福记公司存盐，前接来电，已派卢令前往办理，现已抵崴否，并希电知崴埠桂道，专候卢令到崴妥办，不得发给凭照擅运进口，以杜彼混。至该员收买后，应如何发给护照进口，统希尊处酌办。昌效印。

七月二十三日复奉天钦帅电

奉天钦帅鉴：

　　效电悉。卢令已行并电饬桂道停发凭照，至官收运照，已由吉钤印，发交卢令带往妥为办理。抚印。

七月二十四日发海参崴桂道

海参崴桂道台：

　　福记公司存盐，已委卢令前往，应请尊处停发凭照，俟卢令到崴商办。宝敬印。

七月二十九日哈尔滨来电

吉林抚宪钧鉴：

　　盛崴盐事，奉札拨款约需若干。职道接批后，征收税捐无几，请电示总数，以便筹措。再现职道刻尚在奉，派委员过哈，未得晤面接洽。职道肇基禀，俭印。

七月三十日发哈尔滨电

哈尔滨施道：

　　俭电悉。崴盐价难预定，请将征款尽数截留，并就近电达崴埠桂道，转饬卢令查明需款数目复哈筹办。

七月三十日哈尔滨来电

吉林督抚宪钧鉴：

熔二十七抵崴，福记盐运五站，凭照二张，计盐一百十包，内扣留五十包运珲春，凭照十一张，计盐七百四十包，共八百五十包。请分饬五站税关暨珲春饷捐局查报核对。芳于七月朔停发凭照。福记现存盐九千一百五十包，遵饬调查、会议盐价另禀请示。职道芳、卑职熔叩，艳。

八月初五日哈尔滨来电

吉林督抚宪钧鉴：

调查福记盐价：春、秋发货，每斤羌钱十五文，当以此次官收与商贩不同，且系趸盘，自应核减。该公司则称：创设崴埠销岸，垫资甚巨，现忽收歇，亏累不堪，坚求体恤。职道等体查情形，会同公议，拟请仍照商价，每斤羌钱十五文发给。应交盐斤照官运局秤收，每六百斤外加卤耗四十斤。统乞示遵。

再，艳电报存盐数内有二千五百包曾经该公司押出，现已到期，经债主拐卖俄商。计实存盐六千六百五十包。职道芳、卑职熔叩，江。

八月十六日哈尔滨来电

吉林督抚宪钧鉴：

庚电谨悉。存盐六千六百五十包，又五站扣留五十包，约一百三十四万斤，除卤耗价一万八千余吊，运宁古塔之海林站车费每斤七文，另约九千余吊，请饬哈尔滨关道暂筹拨钱一万五千吊，汇崴埠交涉商署收，余候运竣，九月底找付。阿什河车费每斤加二文余，应否全运海林，抑分运阿什河，乞示遵。桂道公出，陈令旨章代理。卑职秉熔叩，寒印。

八月十八日发哈尔滨电

哈尔滨施道：

收买崴盐需款，请由关速筹拨羌钱一万五千吊汇崴，交卢令查收，将来由官运局归还。俄车运盐条件拟照日车办理，已派员赴哈，禀承尊处妥议核夺。望查照速办并转卢令，抚。

九月十一日发奉天电

盛京徐钦帅鉴：

崴埠福记公司存盐前由吉省委卢令前往收买在案。兹据滨江施道禀准东清铁路公司照会声称：未奉崴盐禁止入口以前，曾有华商将存崴已领有桂道执照之中国盐斤一万七千四百五十一包，由盐商凭此执据盐斤抵押该公司羌洋二万三千元，请将此项盐斤准由崴运哈售销等因。查崴盐非特别运照不能进口已订新章，该公司请将押存盐斤运哈售销，显有违碍。唯据称当时收押崴盐在未订新章以前，亦属实情，应否准予入口抑或照福记公司存盐之例一并收买。除禀钦帅外，禀请示遵等情。据此，除先电饬卢令就近查明详复外，所有此项盐斤应否准予一并收买抑或如何办理之处，乞电示。常，真。

九月十四日盛京来电

陈大帅鉴：

盛真电悉。此案前据施道函禀，前情已覆。以二月间既有通饬新章，此外无论华洋商盐，自应一律禁止。今铁路公司所存之盐，请由崴运哈销售，既背约章又违新禁，断难准其运销，亦未便援照福记公司收买办法，饬令施道严行禁阻，俾免日后华洋商贩借口，以维盐法等因。仍请饬该道照前覆函办理为祷。昌，元。

九月二十六日海参崴来电

督抚宪钧鉴：

崴盐已运四千包赴宁古塔，余二千七百包现运阿什河。请电饬滨江关道迅拨羌钱一万三千吊，电汇崴埠桂道转交结付竣事。秉熔叩，有。

谨按：海参崴福记公司盐案，系华商在长芦购买盐斤，串通俄商，由俄地侵入吉林省东北边界绥芬、珲春、依兰、延吉、宾州、哈尔滨一带销售，逐年销数渐多至三千万斤。光绪三十四年春间，蒙东三省总督吉林巡抚两宪筹议禁止之策，先援洋盐不准入口条约，禁止盐斤从俄界输入。与俄政府交涉妥帖，一面饬五站税关税务司严行查禁，并派员候补知县卢秉熔会同海参崴商务委员候补道桂芳议定，准该公司将已到崴埠之盐完课进口，以后永禁运销。嗣因吉林官盐开运，崴盐冲灌堪虞，复经派员议定未销之盐，由官收买，以清本源而杜弊混。自春徂秋，经营半载，始底于成。其间，交涉之困难，措置之艰辛，非列宪坚持于上，其可成乎。文牍、缄电往复甚伙，摘其要者，刊列于右（上）。张弧谨志。

运储类

东三省盐务总局咨送运票式文　　附票式

东三省盐务总局为咨行事。案照敝局于本年二月二十八日呈，为拟刊吉省官运三联盐票式样请示一案，奉奉天行省^督宪批示：呈悉。所拟吉字官运三联票式四种，尚属妥协，应即照办，仰即镌刷呈候，盖用堂印可也。此缴票式存，等因奉此，除饬梓镌刷外，相应抄粘原呈并四种票式，备文咨行贵司，请烦查照备案。须至咨者。

右咨　吉林度支司使陈

附粘抄

为呈请事，窃职局前经会同吉林陈度支司议订《吉省官运奉盐章程》，业经呈报在案。所有应用运票须另制特别式样，庶与奉省发商盐票有所区别，现接吉省度支司函称：吉省官运定于三月初一日开办，此项官运盐票亟宜预为刊刷，以备转运。兹由职局拟就吉字三联官运盐票式样石票四种。每石应纳厘款小银圆四元六角，并每石准加卤耗斤两，均刻入票内。唯此项盐斤只准运至吉省境内销售，不准在奉省界内洒卖。如有夹带私盐，中途起卸重运情弊，即照私盐论，全数扣留充公，押运之人照例惩办。谨将运票式样送呈宪阅，俟奉批准后，仍由职局饬梓镌刷，再请用堂印领回，加盖职局关防，以昭慎重。理合呈请宪台鉴核示遵。须至呈者。

计呈票式

右呈　^{总督部堂徐}_{巡抚部院唐}

存根

东三省军督部堂
奉天巡抚部院

吉字第　　号
存　根

为发给官运存根事。照得：今据吉林盐务
官运局买　　分局滩盐壹石，每石照章计重陆百斤，准
加卤耗　　斤，应缴捌肆壹伍厘款，小银圆肆圆陆角，
准在奉省界内沿途洒卖，以杜夹带运私弊端。除发给该
局运票及存分局比销中联外，为此存根，备缴盐务总
局查考。

光绪　　年　月　日

官运盐票

东三省军督部堂
奉天巡抚部院

吉字第　　号
官运盐票

为发给官运盐票事。照得：今据吉林盐务官
运局买　　分局滩盐壹石，每石照章计重陆百斤，准加卤
耗　　斤，应缴捌肆壹伍厘款，小银圆肆圆陆角，一并照
章完纳。唯此项盐斤只准运至吉省境内销售，不准在奉省界
内洒卖，以杜弊端。为此发给该局官运盐票，以凭赴滩买盐
装运。所有经过汛卡查验，盐票相符，即便放行，毋得留
难。如有盐多与票数不符，或有夹带、中途起卸重运情弊，
应照私盐论，立即扣留，全数充公，呈报东三省盐务总局核
办。须至官运盐票者。

光绪　　年　月　日

比销

东三省军督部堂
奉天巡抚部院

比销

为发给官运盐票比销事。照得：今据吉
林盐务官运局买　　分局滩盐壹石，每石照章计重陆百
斤，准加卤耗　　斤，应缴捌肆壹伍厘款，小银圆肆圆
陆角，一并完纳。唯此项盐斤只准运至吉省境内销售，
不准在奉省界内沿途洒卖，以杜夹带运私弊端。除发给
该局运票赴滩买盐装运外，为此比销留存分局，以备查
考。

光绪　　年　月　日

详拟三联运照式样请示文　附运照式样

为详请事。窃查吉省设立官运总局，业经本署司将试办章程列折详明在案。查官盐运至长春总仓之后，转运本省各属，必须填给本省运照，以便沿途查验、盖戳、放行。兹经本署司酌拟三联运照式样一纸，是否可用？理合备文呈请宪台察核，俯赐批示祇遵，实为公便。为此备由，呈乞照详施行。须至详者。

　　计呈运照式样一纸

吉林行省抚宪批示：如详办理。至所呈运照式样，应于中联"即刻放行"句下添入"唯盐斤与运照不准相离"十字，以昭周密。仰即遵照。缴照式存。

奉天行省抚宪批示：据详已悉。所拟官运三联照式构封详密，尚属可用。仰仍候吉林行省衙门批示。缴，照式存。

税

今于　　局发给　　，请领官盐　斤，应收盐价、课两，均已照收清楚。除发给运照、填明缴查外，合备存根为据。

字号

宣统　年　月　日

存根

吉林官运总局为发给运票事。据　　请领吉林省官盐　斤，运至　起卸，业据将盐价、课税银两一律呈缴清楚，合照。为此照仰沿途缉私查验各卡，查明所运盐斤与单填数目相符，即刻放行，唯盐斤与运照不准相离。如果斤照不符，或未到指定地方中途起卸洒卖等弊，一经查明，仍将盐斤扣留充公，运卸之人按律惩办。此照运至即行作废。仍饬遵照后开各条办理，毋稍违误。须至运照者。

字号

宣统　年　月　日

运照

一运盐人。

一此照自发给日起，限　　日作废。逾期不准行用。

一照填准运官盐　斤。

字号

宣统　年　月　日给

查银。

呈候总局备核。须至缴查者。

为填呈查事。今据　请领官盐　斤，业经照数收清。除发给运照、截留存根外，理合填明缴两，业经照数收清。

字号

宣统　年　月　日

缴查

详请更正贩单及转运照拟呈式样文　附单照式样

为详请事。窃查吉省开办官运，购到官盐，一律收存长春总仓转运各属销售。先经拟定运照式样，详奉宪台批准在案。兹查原定运照词旨，系专为长局发给各属包商领盐承销、沿途过验之用。现在续议章程，已于吉省各属添设官运分局，则前项运照即应改为贩单，由总局加印分发各局。凡遇商人领贩官盐，即按照斤两填给单据，以便稽考。其长局转运至各官运局盐斤，另由局拟定转运照式，盖用关防，发交长局编号行用，俾有区别而便查验。是否有当，理合将更正贩单及转运照式样各备一份，详请宪台察核，俯赐批示祗遵，实为公便。为此备由，呈乞照详施行。须至详者。

　　　　计呈送单照式样各一纸

　　右详　吉林行省督抚宪

　　光绪三十四年九月十二日奉吉林行省批：据详送更正贩单及转运照，尚属妥协。仰即刷印行用，并转饬各分局遵照办理。此批。式样存。

　　光绪三十四年九月二十三日奉奉天行省批：据详已悉。仰将更正贩单运照刊发行用可也。缴，单照式样存。

存　根

字　号

今于　　局发给，请领吉林省官盐　　斤，应收盐价课税　　两，均已照收清楚。除发给贩单、填明缴查外，合备存根为据。

宣统　年　月　日

贩　单

字　号

吉林官运总局为发给贩单事。据　　请领吉林省官盐　　斤，运至　　起卸，业据将盐价课税银两一律呈缴清楚，合照为此单。仰沿途缉私查验各卡查明所运盐斤，与单填数目相符，即刻放行。唯盐斤与运照不准相离。如果斤照不符，或未到指定地方中途起卸洒卖等弊，一经查明，仍将盐斤扣留充公，运卸之人按律惩办。此单运至□□□即行作废。仍饬遵照后开各条办理，毋稍违误。须至贩单者。

一、发盐局所。
一、运盐人。
一、此单自发给日起，限　　日作废。逾期不准行用。
一、单填准运官盐　　斤。

宣统　年　月　日给

缴　查

字　号

为填呈缴查事。今据　　请领官盐　　斤，应收盐价课税银两，业经照数收清。除发给贩单截留存根外，理合填明缴查，呈候总局备核。须至缴查者。

宣统　年　月　日

今交押运　转运　存根

局官盐

石计　袋

宣统　年　月　日　局具

长春官运转运照

第　次官盐　转运上

局查收

字第　次计　石共　袋

宣统　年　月　日　局具

今交押运　转运上

局查收

今收押运　转运到

第　次官盐　石计　袋

长春官运局查照

回照

字第　次计　石共　袋

宣统　年　月　日　局具

申报吉省官盐开运文

为申报事。窃照吉省创办官盐，业经署司督同提调张守会议章程，分别设局建仓，并议定铁道运价，先后详明宪鉴在案。兹据营口采运局坐办委员何令韶电禀：吉省官盐业于七月初一日第一次开运等情前来，理合申报宪台察核，为此备由，呈乞照验施行。须至申者。

右　申　吉林行省督抚宪

东三省盐务总局咨晓谕各商民吉江两省官盐开运文

为咨行事。案查吉省开办官运，业经敝总局与贵司拟订章程，会同详奉督抚宪批准在案。兹查吉省官盐开运在即，奉省商贩购盐运赴吉省销售者，自宜截期停止，以清界限，而免混淆。现由敝局出示晓谕各商贩，截至六月底止，不准再有购盐运往吉江两省销售。倘有违者，照私盐论。如商贩有六月以前运至两省存盐，如何销售，应由贵局核办。除出示晓谕外，相应抄粘示稿，备文咨行贵局。请烦查照核办。须至咨者。

右咨吉林官运总局

计抄示稿

为出示晓谕事。照得吉江两省向食奉盐，皆由商贩运往销售。乃近年来，奸商私贩，时有贩运私盐情事，自非开办官运不能堵绝私弊。业经东三省督抚宪公同商定办理官运在案。唯事属创始，总以官商两有裨益为宗旨。现在吉江两省官运总局业已成立，派员来奉采买盐斤。吉省定于七月初一日开运，而江省则定八月初一日开运。已经本总局制定特别运票，与商贩所领盐票不同，以示区别，而便转运。凡有各商贩购盐运赴吉江两省销售者，自应限于六月底一律截止。此外，只准贩运奉省境内及蒙古地方销售，不准再有运赴吉江两省，以免混淆。倘有私自运往者，均照私盐论。如在六月以前各商贩运到吉江两省有官票之存盐，如何销售，应听候各该省官运局查明，秉公核办。除呈明<ruby>宪<rt>宪</rt></ruby>暨咨会吉江两省官运局查照办理外，为此示仰各商贩一体遵照。毋违。切切特示。

饬各局运盐严防夹带文　附东三省盐务总局来文

为札饬事。照得官运开办伊始，不外兴利防弊两端。吉省官盐由南满洲铁道运送，中途车载船运及起卸之地，防范稍有不周，丁役、奸商即可乘机夹带，更有托铁道附属地之庇护，任意营私。现准东三省盐务总局移会，查禁前来。亟宜严加防杜，俾免日久弊生。除分行外，合就札饬。为此札仰该局即便遵照。于邻境交界及车站附近之处，务须严加防范，勿任丁役、奸商稍滋夹带营私诸弊。并由本总局随时密派干员，严密查察。如果缉私各员有擅放私盐、得贿故纵各情事，一经察出，定即从严惩办，决不姑宽。懔切。此札。

一札　各官运局　缉私局

计粘抄

东三省盐务总局为咨行事，案奉<ruby>宪<rt>宪</rt></ruby>札，准军机大臣字寄奉上谕：有人奏东三省开办官运，设立总分局，委用地方绅商为员司。有运一石五六斗，只报捐一石者；运至吉黑两省，高价居奇，并种种弊窦等语，饬令议覆等因到局。查议办官运，借杜奸商贩运外私，以收利权，仍寓利商便民之举，局外者自未深晓盐务实情，业已由敝局逐条声覆，以备覆奏。唯官运开办伊始，虽办事皆遴选廉能，而兴利防弊两端，本宜兼顾。查吉省官盐由南满洲铁路运送黑省官盐，由轮船载运，水陆道路均属遥远。中途车载船运及起卸之地，如复州临近租界，并海参崴进口各地，皆有日俄私盐。苟防范稍有不周，丁役、奸商即可乘机夹带，此海道之须防也。若陆路，则向来奸商托铁道附属地之庇护营私，是其惯技。自开办官运后，敝局已查出数起，幸铁道公司均允遵章罚办。然终恐有觉察不周之处，正宜彼此严加防杜，俾免日久弊生。查官运章程内有吉黑两省每月销数及收入总数，仍须列表分报东三省盐务总局，以彰成绩而资考证一条，应请贵局将一月或两月之总销数咨报一次，以便将运数、销数彼此有一考证，较易查核。又贵局现在运到之盐，是否均由分局自销，抑发商家散销民间，如何办法及现时各地盐价，均请咨会敝总局，以便上呈宪核。又绥芬界进口及长春火车站落地之处，应再如何加严之处，亦请酌核办理。除分行外，相应备文咨行贵局，请烦查照，见覆施行。须至咨者。

右　咨　吉林官运局

奉天行省衙门咨饬局筹覆河运文　附覆文

东三省总督徐
奉 天 巡 抚 唐　为咨行事。案查：前据署通江口同知程守学恂呈称，为辽河商业日敝，关系三省，请设法补救，以厚民生而维财政事。窃惟辽河流域自通江下迄营口，千有余里，商业向称发达，公家岁入亦甚赖之，今则腐败之现象几于每下愈况。间尝俯仰盛衰之故，知其所以致此，非无原因。试就输出品一端言之。东省故称农国，输出品则以豆类为大宗。昔年通江曾达一百万石。其寻常年分亦及八十万石，今则不及十万石，其相差之数乃七十万石。此七十万石之豆，由所产地运至营口，以每豆一斗运费及杂费钱三吊计算，约在二千一百万吊。此二千一百万吊之钱，曩者栈商、经纪、车户、劳动者、航业家咸得分润。今则悉付诸东清铁道矣！此仅举豆类一宗言之，其他物尚未及。仅就通江一口计之，而他处尚不知。若是财安得而不尽，民安得而不穷。查通江当输出豆石百万之年，其食盐输入数亦称是，率皆由民舟装载而上。每岁冰泮以后，帆樯相望，盐则堆卸于通江，船则运粮而返营口。北路州县及吉江两省居民以盐之屯积于斯也，悉运输其粮豆以赴之，车以豆来，即以盐返。携带不须现钱，回空更省脚价，节节交换，机关灵通。若一旦由铁路运盐，则吉江两省之粮豆，悉就近由铁路直运大连，不复经过奉省一步，商既不堪，税于何有？故事有发见于一方面而影响关乎全局者，则今日运盐问题是也。近闻日人于海参崴、哈尔滨等处销售食盐，即在该处收买粮豆为垄断，计是足以制我死命者，又岂仅铁道一端？考其铁道运输费轻重差率，更耐人思索。自昌图至大连，计三百三十五英里，七吨车需银四十六元九角，至营口计二百英里，七吨车需银七十元。路远者费省，路近者价昂，外人之谋虑、经营若何至深？今我路权既失，其能为吾民延一线生命者，唯此航路交通。若不亟图争存而放弃之，东省之生机，卑府敢断其日就斯灭矣！夫整理东省之财政，必自商业始。规复辽河之商业，必自盐法始。吉江盐法未定，窃谓宜募三省富商，集资组合商运，而官督销，此上策也。不得已而办官运，则在定章完善，防弊周密。唯官运则资本巨，不若商运者一；运费多，不若商运者二；本巨费多，其价必增，不若商运者三；价增则销滞，私将乘之，公家所得，不足为缉私办枭之用，不若商运者四。总之，无论商运、官运，其紧要关键则认定辽河为运道，不由铁道揽载，不使轮船由海参崴等

运储类

49

处私运入口，而积聚食盐于通江、辽源州二处。务引省北一带及吉江两省各种出产，荟萃而纳于辽河，使盐之输入、粮之输出，以通江、辽源为转运机关，庶航路运输之利权稍补轨道长驱之损失。若栈商、若经纪、若车户、若劳动者、若航业家，各安其生，商业赖有转机，税务因之起色。吉江之盐利兴，三省之财政可得而理矣。议者或谓河运费重不如铁路之轻，不知运费就令重至一倍。此一倍之费，利固在吾民。且因运盐之故，得招致其他产物。公家征权所入，已足取偿，利国利民，计无逾此。卑府居通江两载，于地方民情、商情，闻见较确，深抱杞忧。前者晋谒面陈地方困敝情形，仰蒙垂询补救之方，当举大要以对忽遽之间，未毕其说用，特觍缕渎陈，以副勤求民瘼，注重财源之至意。梼昧之见是否有当，理合备文呈请鉴核，俯赐训示等情。据此，当饬谘议厅，片交盐务总局核议。去后，兹据该局以程守所陈，食盐由铁道运载，因之各种物产绝迹不前，辽河航业日就衰落。今拟盐斤改归河运，以为各产物之导引，颇有见地。唯职局前与吉林度支司会议销运官盐一节，初议亦欲统归河运，以期维持辽河航业。嗣以河运期缓，深恐不能济急。且水道只于夏令畅行，秋高水浅，冬初凝冰，河运可行者一年不过五六月之久。并查悉河运之费较车运为贵，且不能直抵吉省，尚须于通、法设栈，而船只夹私之情弊，较车运为难查。于是，吉省官运局始有火车包运之议，并拟借此与南满铁道公司交涉，令其堵截私运。此虽有官利外溢之堪虞，而却有政权收回之实利。且吉林承运之二十万石，亦曾议以十万石由火车装运，其余十万石则以辽河与冬车并行，是于辽河运与冬车之商利仍无大损。将来如果可尽归河运，当可从长计议。况现下与南满铁道公司并未决议，该守所陈河运各情，咨行吉黑两省抚宪，札饬该两省官运总局，详筹议覆，再饬通、法商会，筹备如何分运之法，以兴航业而维商利等情，呈覆前来。除呈批示并分行外，相应咨行贵衙门，请烦查照，转饬官运总局按照所陈各节，作速详筹议覆咨会过奉，以便核办饬遵。须至咨者。

　　右　　咨　吉林行省衙门

　　为咨覆事。度支司案呈，准贵行省衙门咨开，案查前据署通江口同知程守学恂呈称：为辽河商业日敝云云咨会过奉以便核办饬遵等因，准此，当经饬局。查得吉省官运，前次由司在奉与盐务总局陆郎中等会议，运道颇费斟酌，盖运本固应减省，而商情尤宜体恤，并顾兼筹，是以有舟车分运之议。且火车承揽，借定堵截走私，诚如陆郎中等所言，虽有官利外溢之堪虞，而却有政权收回之实利。现已由司委派张守弧前往奉天随同陆郎中等与南满铁道公司磋商承运事宜，应请仍照原议以十万石由火车装运，其余十万石则以辽河与冬车并行，先行试办，嗣后随时察看情形，斟酌损益，究竟河运车行如何筹备，再由通、法商会议定妥善章程，与营长两局商办，以维商业。除由司分行外，合先咨覆，相应咨请贵行省衙门，请烦查照，转饬办理施行。须至咨者。

　　右　　咨　奉天行省衙门

详请刊发省仓长仓钤记文

　　为详请事。窃照吉省开运官盐，前经职局详明。于长春设立总仓，省城设立省仓，存储盐斤，以备销售，并派员经理在案。兹查两处仓工渐次完竣，收发盐斤最关紧要，均应颁发钤记，以昭信守。拟请宪台饬刊木质钤记二颗，文曰：长春总仓委员钤记，吉林省仓委员钤记。发局转颁各该委员祗领启用，是否有当，理合具文，详请宪台察核，俯赐批示祗遵，实为公便。为此备由，呈乞照详施行。须至详者。

　　光绪三十四年十月十二日奉吉林行省批：准如详，刊发钤记给领。此批。

长春官运局申报开办公主岭分仓文

　　长春官运局总办为申报事。窃公主岭地方系属奉、吉毗连，伊、怀通衢，为吉省扼要之区，转运伊磐要道，亟应设立分仓，俾资输运。兼设缉私分局，庶可便于查缉，以遏私源。曾将拟办情形面禀在案。现经派用司事戴立勋、史蔚林两人局丁四名，驰往该处，租赁民屋一所，为办公之地，即于九月二十六日开办。除责成戴立勋等将办理情形随时报告卑局外，理合具文。申请宪台察核，实为公便。为此备由，呈乞照验施行。须至申者。

省仓委员呈请吉岸官盐由省、长两仓分拨文

　　官运总局省仓委员为呈请事。窃卑职等奉官运总局札委管理省仓，业将到差及启用钤记日期申报在案。伏查吉属认销岸址，地面辽阔，有离长春近而距省稍远者，若必责令赴省请领盐斤运回销售，势必载资加巨，殊非恤商利运之道。拟请吉商认岸近于长春者，由省仓援照长局详定盐价，核收银洋，填给贩单，加盖戳记，交商持赴长春总仓领运官盐，仍作为省仓额销，不得侵销长岸，以免紊乱。并由总局拨派司事一名，驻长经理。似此通筹办理，庶于商力官销两有便益。其大车载资由各处子店自理，分冬春、秋夏两届照详定商利数目定价外，准按所费车资远近分别酌加，不准格外居奇，致滞销路，以便民食。附呈加盖戳记贩单式样一张，是否有当，理合具文。呈请宪台鉴核，俯赐批示祗遵，实为公便。为此备由，呈乞照呈施行。须至呈者。

　　右　呈　^{督宪
抚宪}

　　光绪三十四年十一月初八日奉吉林行省批：如呈办理。缴，单存。

札长春总仓并营口采运局慎重盐斤文

为札饬事。案查长春盐仓为盐斤总汇之区。凡盐斤出入款目攸关，自不得丝毫短少，以保官本而畅商销。嗣后，营口采运局运到盐斤，须与押运委员眼同过秤。每石盐斤数目均须除皮计算，至少以七百四十斤为定额。所秤斤数与营局发单果无亏短，再行盖章，掣给回批，以免日后推诿。倘斤数短少，即由该令自向营局交涉诘问，不得含混禀局，希图卸责。如日后查有亏缺，即唯该仓员是问。除饬营口采运局知照外，合亟札饬，札到该员即便遵照办理，毋违。凛切。特札。

札 　长春总仓委员
　　营口采运局

长春仓员刘令详报袋盐归公文

长春总仓委员为详报事。窃卑职于光绪三十四年七月初五日奉吉林全省官运总局札委充是差。到差以来，凡有关于公益之处，靡不竭力，以图一切办法，业经分别详报在案。兹查营口采运局来盐，每石应重七百四十斤。前因事属创办，并无一定规模。自第一批至八批，照此核算斤两，尚有不足。经卑职屡次函电相商，自九批以后，每石均有净盐七百四十斤。现在装盐麻袋既已作盐分发销售，则所余袋盐亟应核实具报，以为贴补购买麻袋成本。计每盐一石，装袋四个，每袋约重三四斤。兹牵扯照每袋三斤计算，每盐一石，应溢出袋盐十二斤。卑职渥荷裁成，公益攸关，自应和盘托出，以期无负宪台之委任。所有采运来盐，除一批至八批外，九批以后斤两较足，每袋可按照三斤溢出袋余，拟请提出归公各缘由，是否有当，伏祈宪台鉴核，批示祗遵，实为公便。为此备由具申，呈乞照详施行。须至详者。

右 详 吉林行省督宪抚

光绪三十四年十二月三十日奉吉林行省批：据详将余存袋盐按每石十二斤呈报归公，具见慎重公储，力矫流俗，殊堪嘉许。仰即将该仓收盐自第九批起至现在止，已销袋盐洋款归入下月份月报内作收，未销袋盐按月随同盐册分款申报，以备考核，毋稍疏漏。切切此缴。

商销类

吉林行省衙门督抚宪核准各属包商认岸承销案

吉林行省批：职商朱补山等禀请承销吉林府伊通州两属官盐并缴押岸银
　　二万两　由

据禀请承销吉林府并伊通州属两处官盐事属可行，已将缴到吉市平银
二万两，发司交局押岸。准将该两属官盐专归该职商等分店承销，仍先自赴
官运总局填写年岁、籍贯、职掌、住所，听候发给谕示照章试办。至禀内所
称"包办"两字，殊与局章不合，以后均须改用"承销"字样，以符盐制。
并即知照。此批。

光绪三十四年四月二十二日

吉林行省批：职商何绍康禀销长春府属官盐并补缴押岸银两数目　由

禀悉。该职商补缴平色银八百零七两六钱二分，连前共合吉市平银二万两，
候发司交局核收押岸。准将长春府属官盐专归该职商分店承销，仍先自赴官运总
局填写年岁、籍贯、职掌、住所，听候发给谕示照章试办。着即知照。此批。

光绪三十四年五月二十四日

吉林行省批：职商何绍康禀请承销长春府属农安县官盐再缴押岸银二千
　　两　由

查农安附于长春府属，既据续缴押岸银二千两，连前共银二万二千两，
候发司交局押岸。准将长春府暨农安县官盐一并归该职商暂行试办，分店承
销，如销数畅旺，再准作为正商。着即知照。仍先自赴官运总局填写衔表。
请领示谕，照章妥慎办理可也。此批。

光绪三十四年七月十四日

吉林行省批：榆树县商会禀请新城府榆树县两属官盐并酌定押岸银两数
　　目　由

查新城榆树两属地方颇称繁盛，行销官盐必畅，现已酌定每属押岸银
八千两，该商等如愿承销，应令遵照缴款方准试办，着即知照。此批。

光绪三十四年五月二十四日

吉林行省批：职商李永青等禀请承销双城厅属官盐并缴押岸银一万两

　　　　由

据禀已悉。该商请销双城厅属官盐事属可行，候将缴到万和当吉市平银
一万两，发司提现交局押岸，准将该属官盐专归该商分店承销，着先自赴官
运总局填写年岁、籍贯、职掌、住所，听候发给示谕照章试办可也。此批。

　　　　　　　　　　　　　　　　　　光绪三十四年五月二十四日

吉林行省批：商人同义兴等禀缴押岸现银五千五百两请予承销五常厅属
　　　　官盐　由

查五常厅属官盐，前据各商禀请认销，俱以呈缴岸银太少或止徒托空
言，因未批准。该商现缴押岸银五千五百两，较他商之数稍多，应发交官运
局存储，准将该处官盐暂听该商承领分销，俟试办三个月，如果销路畅旺，
仍应加足岸银以重盐政，仰即赴局填具姓名、年貌、籍贯、住址，听候给谕
办理可也。此批。

　　　　　　　　　　　　　　光绪三十四年十月三十日

吉林行省批：职商杨润堂等禀遵批缴岸请给发谕戳承销宾州长寿两处官
　　　　盐　由

查宾州长寿两处官盐，先据该商等禀请认销，批饬措缴押岸银两，未据
缴到，旋据周嘉豫遵缴现银具禀承销，正在核办间，据宾州同知转据该厅商
会孙瑞峰等禀呈押款，请将宾长官盐仍归该商杨润堂名下承销，并由厅查得
商会孙瑞峰等俱系该厅股实可靠绅商，据情转禀官运总局，由局请示前来。
查该商缴银虽在周嘉豫之后，而具禀则在周嘉豫之先，且又据商会公呈本厅
承保，核与官运局详准商销盐斤先尽本籍人之章程亦属相符，自应仍归领
办，除将周嘉豫所缴岸银一万五千两发还外，该商现缴之一万五千两应即
交局押岸，所有宾长两处官盐准专归该商等分店承销，仍赴局填写年岁、籍
贯、职掌、住所，听候发给示谕照章试办可也。此批。

　　　　　　　　　　　　　　　光绪三十四年九月十一日

吉林行省批：职商孙瑞峰禀承销哈尔滨境内官盐　由

禀悉。哈埠近正缺盐商销，未便再缓，所有哈尔滨境内官盐准归该商分
店承销，仰即前赴官运总局填报姓名、年貌、籍贯、住址表册，听候给谕试
办可也。此批。

　　　　　　　　　　　　　　　宣统元年正月十一日

吉林行省批：官运总局详职商张春霖禀销宁古塔全境官盐并补缴押岸银
　　　　两　由

据详已悉，仰即给谕试办。此缴。

光绪三十四年九月十二日

吉林行省批：依兰府商董杨立政禀请认销依兰府属官盐并缴押岸银两

由

据禀认销依兰府属官盐并缴到押岸吉市钱二万吊，应准将该属官盐专归该商分店承销，并先赴官运总局填写年岁、籍贯、职掌、住所，听候发给示谕照章试办可也。此批。

光绪三十四年九月初六日

吉林行省批：商号广兴德等禀请承销磐石桦甸两属官盐并缴押岸银两

由

据禀认销磐桦两属官盐事属可行，缴到磐石押岸银二千五百两，桦甸押岸银一千两，候发交官运总局存储，准将该两属官盐归该商等分店承销，仰即邀俱妥保赴局填报年岁、住址，听候给谕试办可也。此批。

光绪三十四年十月初六日

吉林行省批：职商林森等禀请承销敦化县官盐并缴押岸银两　由

据禀认销敦化县属官盐仅缴押岸银二千两，未免过少，姑候发交官运总局存储，将该处官盐归该商等分店承销，先行试办二个月以后，如销路畅旺，仍应酌加押岸银两以重盐政，仰即邀俱妥保赴局填报年岁、籍贯、销岸住址，听候给谕领办可也。此批。

光绪三十四年十月初六日

清代吉林盐政

	姓名		姓名	
康绍何	姓名	恩启解　山补朱	姓名	各商履历表
岁八十三	年岁	岁十四　岁十三	年岁	
人府林吉	籍贯	家五崇吉　埠一耕吉 子甲礼林　子甲读林 村三社府　村平社府	籍贯	
衔职击游生武	职掌	历经府选候　知同选候	职掌	
两千二万二	押岸	两万二	押岸	
沟牛放	住所	内院店兴增街大北城省	住所	
廉保候办坐会商	保人	卿汉于　侯锡庆　涛秀松	保人	
县安府春长	地承方销	属两伊吉	地承方销	
局运官春长	地领方盐	会省局总	地领方盐	
商本	代表人	五星朱	代表人	

青永李	姓名	棠若李	姓名
岁七十四	年岁	岁六十四	年岁
人城双林吉	籍贯	屯立永号五十字本县树榆	籍贯
丞县用试省分	职掌	生贡增理总会分务商县树榆	职掌
两万一	押岸	两千六万一	押岸
街北东城双	住所	会分务商城本县树榆	住所
锅烧增天　锅烧兴天	保人	芳廷左　雅文徐	保人
属厅城双	地承方销	县树榆府城新	地承方销
局运官城双	地领方盐	子城小	地领方盐
商本	代表人	章宪康　和祥刘	代表人

堂润杨	姓名	东振赵	姓名
岁四十四	年岁	岁六十三	年岁
籍民厅州宾	籍贯	人府林吉	籍贯
董总会仙酒厅州宾	职掌	县知选候	职掌
两千五万一	押岸	两百五千五	押岸
城厅州宾	住所	城省住	住所
峰瑞孙　荣本宋　恭郝	保人	店盐官泰万	保人
县寿长　厅州宾	地承方销	厅常五	地承方销
坡面一　河什阿　滨尔哈	地领方盐	仓省局总	地领方盐
商本	代表人	恩启解	代表人

姓名	张春霖	姓名	孙瑞峰
年岁	五十四岁	年岁	三十五岁
籍贯	宁古塔旗人	籍贯	奉天法库厅民籍
职掌	总领携官盐店	职掌	宾州厅酒仙会总董
押岸	两千七	押岸	两千五
住所	牡丹江南长兴屯	住所	哈尔滨官盐店
保人	宁古塔商会担保	保人	宋本荣　杨润堂
承销地方	宁古塔全境	承销地方	哈尔滨属
领盐地方	宁古塔官运分局	领盐地方	阿什河官运分局
代表人	本城商会承办	代表人	郝恭

姓名	杨立政	姓名	宝善堂
年岁	十五岁	年岁	八十四岁
籍贯	依兰府纳钱粮民	籍贯	磐石县烟桶山
职掌	商务分会董事	职掌	廪膳生
押岸	吉市钱二万吊	押岸	二千五百两
住所	三姓城楚木街	住所	磐石县南街
保人	依兰府商务会担保	保人	广隆烧锅
地承方销	依兰府	地承方销	磐石县
地领方盐	阿什河官运分局	地领方盐	磐石县城内
代表人		代表人	解鲁齐

	姓名	德兴广	姓名
安殿吴　森林	姓名	德兴广	姓名
岁四十四　岁二十三	年岁	岁八十五	年岁
人县化敦　人索穆额	籍贯	街官县甸桦	籍贯
商经生监　衔历经府	职掌	业商	职掌
两千二	押岸	两千一	押岸
县化敦　城林吉	住所	街东街官	住所
泰隆元	保人	锅烧隆广	保人
属县化敦	地承方销	县甸桦	地承方销
仓省局总	地领方盐	街官甸桦	地领方盐
森林	代表人	荣和矫	代表人

呈报札发各属盐商图记文

为^{呈报}事。^{窃查}吉省开办官运禁止私销，当经招商承销各属官盐试办在案。唯查开办伊始，销盐总商遇有禀商事件，以及分设子店填写账单，若不钤盖图记，殊不足以昭信守。现经由局一律篆刊圆式木质图记一颗，分发销盐总商启用，以昭慎重。其已设有官运分局处所，拟即札交该处分局转发该商领用。未经设有分局者，即由该商迳赴总局承领，以昭捷便。除将篆刊图记式样钤印清折呈阅外，理合呈报宪台鉴核。为此备文，呈乞照验施行。须至呈者。

计呈图式清折一扣

右呈 ^督_抚宪

前事云至，除将篆刊图记式样钤印清折备文呈请^督_抚宪鉴核外，合亟札发，札到该分局即便遵照接收，转交该商启用，仍将收到启用日期专文报核可也。特札。

计札发木质图记十五颗

札 各城官运分局

光绪三十四年十一月十六日奉吉林行省批：呈折均悉，图式存查，抄由批发。

详派延珲一带分销委员文

为详报事。窃照官运开办以来，延吉珲春一带迄尚无商认岸，现拟派员前往设柜分销，以节经费而杜私贩。兹查有湖南试用巡检张介祉，堪以派往开办，除分行外，理合具文呈报，仰祈宪台查核施行。须至详者。

右呈 ^督_抚宪

光绪三十四年十二月二十日奉吉林行省批：如呈委派，仰即督饬妥慎办理，以杜私贩而便民食。切切。

详派长岭县分销委员文

为详报事。窃照吉林办理官运业，于各属设立分局，派定包商分别售销在案。兹查有长岭县一属毗连奉省，为私盐浸灌之区，该处既未设局又无妥商包售，自应派员前往承销，以顾官运而杜私销。兹查有分省州同林鹤皋，堪以派往长岭县暂行办理承销官盐事务，应需盐斤由该员先行备价，自赴长春官运局领盐承销，所得余利即为承销委员、司巡人等办公及缉私经费之需，毋庸开支官款以节糜费。除行知札委外，理合具文详报宪台察核，俯赐批示祗遵，实为公便，为此备由，呈乞照详施行。须至详者。

右详 ^督_抚宪

吉林行省批：如呈派委以畅官运可也。

札各岸整顿商销文　附款条

为札饬事。照得本省开办官运已卓有成效，合将各岸商销章程严为厘定，以便民食而杜弊端。查各属岸商承充之后，其公平贸易安分经营者固不乏人，而任意居奇勒价病民者恐亦不免，自应重申局章另颁条款，通饬各局转谕岸商一律遵守。自此次条款颁行之后，各岸商倘有不遵局章，即由各该属委员等查明实据，驰禀本局听候惩办，轻则科罚，重则撤换，倘各该局委员知情不举，甘为容隐，一经本总局查出，亦即治以蒙混之罪。事当创始，不厌求详，各该员等务以保全本局名誉，期官运规模日益发达，本督办有厚望焉。除将条款另列分行外，合行札饬，札到该局即便遵照，并转移地方官一体知照，毋违。此札。

长春总仓、省仓

札　各官运分局

各分销处

吉林官运总局整顿商销条款

计　开

一、岸商领岸之后，招子店愈广愈妙，并不得勒索子店押款致滞销路。

二、子店门口必令悬挂官盐店招牌，并张贴本总局所发盐店告示，门口必须排列盐槽，俾乡人购买者一望而知。

三、分局发盐交岸商，岸商发盐交子店，称斤出入必须公平，总商收子店及行贩盐价，除照局定章程每百斤准加商利三角外，不得溢收分毫。

四、官盐定价概用洋元，各岸有洋元稀少折收官帖者，必须照逐日银钱对换市价公平核定，分局、商店均应将市价若干、折价若干悬牌门首，以昭大信。至分局贩单岸商，发单填写盐价，仍应以洋数照写，不得填写钱数，致背局章而难稽考。

五、各局填发盐商贩单，每单一张填写盐斤，至多不得逾五石之数，并须将日期及贩卖地方写明，俾易察核。

六、各岸商销盐发单，现定由岸商自行刊刻，呈送分局加骑缝钤记行用，不必总局颁发，亦不得加收单费分文，唯发单字样、尺寸须照本总局所颁定式刊用，以期全省一律而免参差。发单之上刊明本岸盐斤，只准销于本岸，不得运至邻岸致背局章，如行贩有不识字者，岸商须恳切详告。至邻岸屯镇乡民来往误带食盐入本岸界内，数在十斤以内者，岸商不得指为私盐擅行拿捕，以杜苛扰而便民用。

七、子店领盐赴各乡镇发售，路有远近，固准按脚价多少酌加盐价，但所加之价以足敷运本，略沾微利为度，不得任意高抬。如子店相离太远，运本过多，岸商亦应将所得商利酌量减收，以资津贴，庶盐价不致昂贵。分局委员及岸商尤须时时调查各子店售价，倘有违犯勒价居奇者，即将该子店撤换罚办，以昭炯戒。

八、岸商为官运枢纽，固不准违章浮收盐价，即平时贸易亦应照商人资格接待乡民，务须谦和平易，不得稍沾官气，致为社会所憎厌。门口亦应排列盐槽，公平买卖，不准悬挂虎头牌军棍等物及擅出告示，遇有不得已之事须通告者，只可刊发传单。传单所载以销盐为范围，不得涉及他事，违者重惩。

以上各条各分局委员及各岸商均应遵守，不得违误干咎。

呈报札饬撤退长农两岸盐商何绍康文

为呈报事。窃查长春总商何绍康认销长春农安两处官盐，开办以来销数不旺，应即撤退，并查明该商所欠盐价报明总局，于押岸款内扣除，所余银两如数发还，以示体恤，除札饬分行外，理合具文呈报宪台鉴核施行。须至呈者。

右呈　吉林行省督抚宪

吉林行省督抚宪批：如呈分饬办理可也。

为札饬事。案查长春总商何绍康，认销长春农安两处官盐，开办以来销数不旺，应即撤退，并查明该商所欠盐价报明总局，于押岸款内扣除，所余银两如数发还，以示体恤。合行札饬，札到该局即便遵照指饬理事妥筹办理，克日专文具报毋违。特札。

一札　长春官运局

公署札官帖局设立分局公平兑换银圆票以畅商销文

为札饬事。官运局案呈，职局官盐定价自本年起一律照收银圆，业经详奉批准在案。兹查伯都讷、阿什河、宁古塔等处，均已设有官运分局，各该处银圆稀少，盐价折收官帖，难保分局员司及岸商人等无借端高下洋价之事，现在官运办理已卓有成效，凡所以便民杜弊各端，自应精益求精，以畅销路。现当官帖局设立分局之时，应请札饬官帖局，凡各该局设有分局者，务须多带银圆票前往，按照公平市价，准商民以官帖或毛帖随时兑换银圆票，赴各官盐店照价购盐，可免折合官帖盈亏之弊。若各该岸官帖未设分局，亦请饬令派人前往设立分柜，专司兑换之事，借便流通。至各官运分局收到盐价，若交就近官帖局汇兑，并一律免收汇费，以公济公等情，本大臣部院查核所呈各节，系为防弊便民起见，亟应照办，以畅商销。除分行外，合行札饬，札到该局，即便遵照毋违。此札。

一札

官帖局
官钱局
各官运分局

缉私类

详派员分路补征盐课文

为详请事。窃吉省开办官运，业经议定章程，分派局员详明办理在案。兹查吉长两处官运局，拟定以本年三月初一日为开办之期，以后该属发卖盐斤，凡非经官运者，自应一律作为私盐充公，以示区别。唯各地商人或有在开办之前业已运存未售之盐，若竟予充公，诚恐商本无归，殊堪怜悯，若仍任挽销，又与官盐有碍。查东三省盐务局详定章程，凡未经完课之盐，一律补征课银，填给补征执照，即得与官盐一律行销，诚为权宜之策，吉省自应仿照办理。拟请由吉省官运总局刊刻补征执照，派员分路稽查，如尚存有未经完纳东三省总局正课之盐，按照东三省奏定八四一五数目补征课银，填给执照，准予行销。一俟官运盐斤充足，即将前项执照停止，以归划一，是否有当，理合具文详请宪台察核，俯赐批示祗遵，实为公便，为此备由，呈乞照详施行。须至详者。

光绪三十四年三月初三日奉吉林行省^{督抚}宪批：如详办理，仰即督饬各员分路实力稽查，毋任稍涉弊混。此缴，照式存。

会饷捐局详覆补征公升合等号旧存盐斤文

^{署理吉林度支司使}^{吉 林 饷 捐 总 局}为详覆事。案奉宪台批，代理长春府章守详府属商会呈请本城各盐商禀请旧存盐斤请免滩捐一案，奉批：据详，公升合等号旧有存盐先已纳过饷捐，请免再纳滩捐，究竟是否可行，仰度支司作速会同饷捐总局核明，详覆饬遵。缴，详抄发，等因到司。奉此，本属司等查此案，公升合等商号禀称，商号等旧有存盐各若干斤，有账可查，均已纳过饷捐，迭经奉天盐务总局调查皆无私运等弊，去冬又经奉天盐务缉私局察查，商号等均又出具纳过饷捐甘结呈交缉私局存案，至今年正月缉私局复令纳滩捐，声称每担曩作六百斤者今作七百斤，每担应纳捐洋银四元六角，按六扣折算，每担准缴纳洋银两元七角六分。唯商号等所存此项盐斤皆系多年旧存，买价昂贵，现今盐价低落，亏赔过半，若再复纳滩捐，亏赔更有难支，恳将旧存盐斤免纳滩捐，所有新买盐斤照章完纳等情。查食盐有关国课，内地各省盐斤，或

划分引地官督商销，或官运盐斤发商领售，本无准令商民自由贩卖之理。吉省从前仅收盐厘，原为一时权宜之计，现在既办官运，所有从前私运盐斤，前经本署司酌拟变通办法，饬令该商等科计存盐数目补纳课款，填给执照，准与官盐一律行销，业经详明分别委员稽征，并出示晓谕在案。兹奉前因，拟请由司饬令补征，各委员查明各该商店存盐，如果业经东三省盐务总局收足补征课银，填给执照者，只须验明照填银数与存盐数目，如果相符，即免予重征，以示体恤。至未经补征或征而未足，各项存盐仍应一律按照示章收缴课款，以符定案。此事署司与职道会同商酌，意见相符。除分札饬遵外，是否有当，理合具文详请宪台察核，俯赐批示祗遵，实为公便。再自本年官盐开运后，所有职局盐厘，应即改归官运局，于盐价内合计搭收汇解，毋庸再由职局办理，以归划一，合并陈明，为此备由，呈乞照详施行。须至详者。

光绪三十四年三月二十六日奉，吉林行省督宪宪批：如详饬遵，缴。

东三省盐务总局咨撤回长春府属头二道沟缉私各局文

东三省盐务总局为咨行事。案查前经议订吉省官运奉盐章程，业经会详督宪宪批准在案。兹查原定章程内开，吉林官运局开办后，应请将奉省原派在吉林地界之缉私局、卡撤回，以后吉林缉私即归吉省办理等因。现在吉省官运总局开办在即，所有敝总局原设长春府属之头二道沟缉私各局，拟于三月内一律撤回，以符新章。除分饬遵照外，相应备文咨行贵司请烦查照备案。须至咨者。

右咨　吉林度支司

公署通饬各属缉私并定协缉事宜文

吉林行省为咨请通饬案照照得事，吉省食盐创行官运，业于省外各处设立总分各局，陆续由营口采运盐斤，分发各局售销，暨扼要设立缉私局，严杜私盐入境，均经省会官运局先后呈报，并酌定缉私章程八条通行在案。查吉省地方辽阔，外盐浸灌及邻境充销，在在可虞，民间多一分私盐，即官运少一分销路。缉私局限于经费，势难遍设，自应责成地方文武员弁及巡警巡防各局、队，随时随地认真查缉，以遏私源。兹酌定协缉事宜六则，开列于后。除通行外，合就咨会。为此咨请贵某请烦查照，并转饬所属一体遵照后开事宜办理。望切施行。

一咨　各副都统

前事云至，除分别咨行外，合行札饬，札到该某，即便转行所属遵照后开事宜办理；遵照后开事宜办理，并转行所属一体遵办，毋违，切切特札。

一札　各司道、营员，府州县、巡警局

前事云至，除咨行外，合就行知，为此札仰该局即便转行各分局一体遵照后开事宜办理，毋违，切切此札。

一札　官运局

计　开

一、缉捕私盐，该管文武本应担此责任；巡警有地方之责，亦难推诿，凡遇私盐入境，一经附近官运分局报知，或先经该文武巡警觉察，应即立时掩捕，不得纵延，嗣后应如官运总局前定章程，倘境内私盐充斥绝不过问者，照律载私盐过境出境入境，明知故犯，或首犯潜匿在境隐讳不报，或将大伙匿作小伙，或人盐并获，轻为开脱失察，大伙私盐拒捕伤人各条分别惩办，及随时撤换停委以儆玩误。其有缉捕认真，境内销盐畅旺，私盐绝迹者，由官运总局详请纪功调优，有劳必录。

二、凡运至吉林境内官盐，必须持有东三省盐务总局所发，载有准运吉林省字样之运票，或长春分局转运各局之运照，及本省各分局发商承运之贩单，而引票照单上面尤须盖有印信，始可查验放行，否则立将人盐一并扣留，照私盐例分别究办。其虽有东三省盐务总局运票，而票上并未载明准运吉林省字样者，即系邻境私盐，务须严拿送办。

三、奉吉交界之处走私最易，海参崴、黑龙江次之，有缉私之责者，于以上三处尤宜注意，切弗稍涉松劲，至现在由奉运吉之官盐，均由火车装运，尚未装用大车，凡有大车装盐，由奉省边界入吉林界者，务须派人认真查缉，以杜弊混。

四、各府州县拿获私盐，确有实据者，即知会附近官运分局或缉私局，除将盐充公外，并治贩私人犯以应得罪名，倘系大伙私贩及有拒捕伤人各情节，应电请省会官运总局核示办法，不得轻纵。其防营弁勇及巡警各局，拿获私盐应送交该府州县惩办，毋许擅自发落。

五、拿获私盐之员弁兵役，应行给赏，亦照官运总局前定章程，俟所获私盐交附近官运分局变价后，或全数发赏，或提半发赏，由该局员会同地方官察看出力之重轻，酌量办理，按照缉获盐价，至少必在四成上，以示鼓励。

六、无论本省旗汉文武，各衙门局所员役人等，如有不遵法令，胆敢祖庇私贩，或包揽私盐倚势拒捕各情形，一经查实，轻则撤差，重则奏参，以维盐政。

详报示禁停止私贩盐斤文　附^{告示稿}_{札发}

为^详_出示晓^报_谕_发事。照得吉省开办官运盐务，业经详奉^{宪台}^督_{抚宪}批准，于省城长春等处设立总分各局，建造仓厫屯盐，并于营口设局采运，现经会同东三省盐务总局议定章程，开运官盐，从七月初一日起一律停止商运，嗣后吉省各盐商均应于就近官运分局领盐分销，不得再行私自贩运，致碍官销。至于各商旧存盐斤，如执有奉吉两省补征执照，应准与官盐一律行销。其并无执照之盐，即报明该管地方官转报官运总分局听候酌核办理，仍将现存盐数据实报明，以便委员随时到地复查，不得稍有隐混，致干查出罚办。自七月初一日以后，如再有续来无照之盐，即作私论，以免涌混。除出示晓谕并分别派员调查缉私外，理合具文详报，仰祈宪台鉴核施行。须至详者。

一详　吉林行省^督_抚宪

前事云至，以免涌混，除详报并分别派员调查缉私外，合行出示晓谕，为此示仰通属商民人等一体知悉，遵办毋违。特示。

一示　各府厅州县

前事云至，以免涌混，除详报示谕并分别派员调查缉私外，合行札发，札到该□，即将发去告示分发实贴，仍将贴过处所开报查考毋违。特札。

一札　各府厅州县

光绪三十四年七月初四日奉吉林行省^督_抚宪批：如详立案，仰即知照。缴。

宣布官运办法禁止私盐白话告示

钦命二品衔，署理吉林度支使司度支使，督办官运局务陈，出示晓谕事。照得吉林省地方，现在奉皇上谕旨，改了行省，所有一切新政，如学堂巡警工艺审判练兵等类，都照各国文明的法子办理，意在使全省百姓开通知识，振起精神，免受外国欺负。立法本是很好，但是一件，新政既然举行，公家动用的公款，比从前多用的多了，不能不设法筹款以济国用。查关里各省，凡民间吃用的盐斤，都是由官运销售的，或包给商人专卖，所得余利，为作公家的用款，那是中国几百年流传定法，只有吉林一省，从前公家用款，足够支用。所以官盐一层，听民间自运自卖自吃，总未照定例办理。现在公家用款既多，入不敷出，这个官盐的成法，奉天早已举办，吉林是不能不办的了。所以本年三月间奉钦差大臣会同吉林巡抚宪下了公事，命本司开办官运，禁止民间私运私销，现在吉林各府厅州县，均已设了官运局，开了官盐店，所有民间吃用盐斤，在那一府厅州县居住的人，就在那一府厅州县的官盐店购买，千万不要再照从前私运私吃，致干罚办。除历次出过告示外，诚恐尔等百姓，尚未周知，现将官盐办法及一切禁令用白话开列在后头，尔百姓等，须详细一看，不可大意，以免受累，其各凛遵，毋违。此谕。

计　开

一、自从光绪三十四年七月初一日起，吉林全省的百姓，都应吃官盐，不准再吃私盐。

二、官盐店所卖的盐，就是官盐，民间私下到奉天各处用大车拉到吉林界的盐，都是私盐。

三、吃官盐的，平安无事，巡警不来干涉，吃私盐的，一经查出，或有人告发，便要罚办。

四、各处铺户向来带卖盐斤的，都须到官盐店买盐来卖，不可私运，但是要有官盐店的凭据，凡官盐店的盐斤，都有发单为凭。

五、官盐店卖盐，不准倚仗官势，须同商人贸易一个样子，如果苛待百姓，准尔等拿住凭据，到省城官运总局告发。

六、现在官盐的价，比照从前私盐市价，并不昂贵，民间食盐，并不吃亏。

七、大车回头脚，除由官家雇他拉官盐外，不准自拉私盐，如敢故违，一经拿获，分别轻重罚办，办得重的连盐连车马一齐充公，拉私盐的人，还要罚苦力，由官盐店买的不在此例。

八、从前吉林大户人家，旧存盐斤为数不少，只准自存自吃，不准转卖，如果转卖一出大门，便照私盐罚办。

九、大户人家，除旧存的盐准其自吃外，以后不得再拉私盐，存盐吃完，便须购吃官盐，这是格外体恤的办法。

十、办理官盐，公家剩下的钱，都为本省办新政的事情用的，百姓无所出入，本省地方大得利益，尔等具有天良，切弗再吃再运私盐，饶犯了罪，还被人家骂不懂公益呢。

右谕通知

光绪三十四年　　月　　日

告示实贴

官运局会同税务处饬各税捐局帮同缉私文

税务处
官运总局　为会札饬遵事。照得现值冬令，大车畅行，难保无刁贩奸商夹带私盐情弊，以后所属税捐各局，应督饬各卡司巡于验收货厘之便，遇有载盐大车及于货车中夹带盐斤，务令交出运照贩单。内有装运吉属销售字样，并加盖官运局印信者，始准查验放行，如无前项照单，即将人盐一并扣留，知会就近官运局，送交该管地方官按例惩办，以昭严密而免疏漏。除分行外，合就饬遵知为此札仰该局，即便遵照，随时督率认真察验，但能拿获私盐，自应照章给赏，倘由他处破获，定将经过各局卡失察之员司分别记过，撤换巡丁，得贿私放并干提省严惩，以儆玩惕，仍转饬各卡一体懔遵，毋违。切切特札。

一札　饷捐局　山海税局　烟酒木税局

详报派委缉私局坐办并刊给关防文

为呈报事。窃照长春铁道缉私最关紧要，原委沈令荣馥驻办。该员到差以来，查私认真，迭获私盐多起，应将沈令记大功二次，以示鼓励。拟即委沈令为驻长缉私坐办，由局篆刻关防颁发承领。嗣后，凡长春东西铁道并城乡各处以及公主岭、白龙驹、烧锅甸、南城子、三道岗、新安镇等处，文武员弁缉获私盐，统交沈令会同长春府暨长春官运局审判厅讯明拟办。遇有事关重大，应先电职局请示办理。若寻常漏私，即就近酌惩，仍将起获私盐若干，如何变价得价若干，以几成充公，专案分别详报察查，并将余款留存备拨，俾昭慎重。除移司注册，并给委分行外，理合呈报宪台察核，俯赐批示祗遵，实为公便，为此备由，呈乞照验施行。须至呈者。

光绪三十四年十一月十六日奉吉林行省批：如呈办理可也。

札发长春缉私局军火文

为札发事。照得本总局现由吉省军械局领到马枪二十杆，子弹二千颗，皮带一百条，当经点交阿什河官运局委员过经历寿彭，就近解交该局查收，分发各缉私勇役，小心领用。仍饬随时洗磨，毋任锈损。遇有交接，专案移交，以重军械。为此札仰该局，即便遵照，并将收到日期分报查核，毋违。此札。

札　长春缉私局坐办沈令荣馥

详报白龙驹等五缉私局刊给钤记文

为详请事。窃照吉省创行官运，于白龙驹、烧锅甸、新安镇、南城子、三道岗五处，分设缉私局。业经详明派员分别开办在案。兹查各局巡缉私盐与地方官及各分局时有公牍往还。应请宪台饬刊钤记五颗，文曰：白龙驹缉私局委员钤记，烧锅甸缉私局委员钤记，新安镇缉私局委员钤记，南城子缉私局委员钤记，三道岗缉私局委员钤记。发局转发各该员，祗领启用，以资信守。是否有当，理合备文，详请宪台察核，俯赐批示祗遵，实为公便。为此备由，呈乞照详施行。须至详者。

光绪三十四年十月十二日奉吉林行省批：准如详刊发钤记给领，此批。

伊磐分局详添募缉私步队文

办理伊磐官运分局委员候选通判李培元　为详请事。窃查卑局官盐开运，缉私难
办理伊磐官运分局委员前直隶补用知县周嘉德　缓。前经卑职等电请宪示在案。旋蒙电示：准募步队十五名。即于本月初一日，
招募九名，初六日招募六名，添做号衣十五件，名曰："伊磐缉私步队。"并
取具妥实铺保，自带枪械子药加以训练。先后派赴靠山屯、大孤山、十三家
子、景象台、房身沟、四台子、营城子等处，扼要各卡，分布堵缉，并严谕
各该兵丁等认真巡查，不准疏忽滋扰。应支工饷等项，卑职等拟照《白龙驹
等处缉私巡勇章程》，每名每月支给工食洋八元，不给伙食，什长二名，每名
每月加给洋二元。如添置锅、碗、碟、盆、炕席、锅盖，暨添置号衣十五件，
拟请随同月饷作正开销，此外不再分文开报，以重公款。再缉私步队，虽有
什长管束，若不加以稽查，深恐日久弊生，习成怠堕。卑职培元拟俟卑职嘉
德调查磐石回局后，即亲赴各处稽查一次，沿途盘川旅费拟请由罚款项下造
报开支。唯事尚未办，能否敷用，尚难悬揣。倘或不敷，拟请准其作正开销。
庶私运盐犯不致漏网，缉私各队亦得畏惧认真，不致疏懈贿放，实于官运商
销两有裨益。是否有当，理合详请宪台鉴核，批示祗遵，实为公便。为此备
由具详。伏乞照详施行。须至详者。

光绪三十四年十一月二十八日奉官运总局批：详悉。所募缉私步队，工
食及添制号衣等件，应准随册造销。至该员前往各处稽查往返川资，先尽罚
款开支。仰即迅速回局，不得沿途逗留，仍应撙节动用，核实支销，毋得稍
涉浮冒，是为至要。仰即知照，缴。

通行各属地方官及税厘局卡严缉私盐并辨明票照文

为通行事。照得吉林开办官运，禁止私盐，业将缉私办法由抚宪暨本总局叠次
札饬示谕各在案。乃近日访闻各属，私盐由奉界输入者，仍复不少，皆因各地方官
及巡警税厘局卡或贪抽收牲畜税之利，或不谙局章，坐任私盐出入，漫不加察。一
经诘问，均以私贩持有东三省盐务总局票照为词，不知吉林开办官运，已经本总局
与东三省盐务总局议定章程，每年由吉省认缴盐课二十万石，以后东三省盐务总局
发商票照只能行于奉省，不能侵入吉省，各清界限。详奉两省抚宪批准有案，诚恐
各地方官局卡尚未周知，合再专札通饬，札到该某，即便遵照。查明过往盐斤，除
持有钦差督部堂奉天抚部院特制之吉林官运盐斤隶字运票，其票内填明"专运吉林各属官运局"，或
持"吉林官运总局"贩单运照者，方准放行外，其余虽系东三省盐务总局票照，但

入吉界一律严密缉获，照章办理，毋稍宽纵，致干咎戾。切切此札。

　　　一札　　　　　　　　　　　　　　各府厅州县
　　　　　　　　　　　　　　　　　　　各统税捐局

公署禁止私盐六言告示文

钦差大臣陆军部尚书衔都察院都御史东三省总督兼管将军事务徐　为
钦命副都统衔署理吉林巡抚部院陈

　　吉林改设行省，一切政治维新；
　　百端胥待整理，用款何止倍增？
　　不忍繁征加敛，诚恐苦累吾民。
　　唯有食盐一项，本属地利天生。
　　销售应归官办，各省久已通行。
　　吉省援案办理，爰定官运章程。
　　既经设局官运，岂容私贩盐斤。
　　通饬地方文武，梭缉严密派人。
　　倘无吉省运票，盘查尤宜认真。
　　尔等就地领卖，切弗试法以身。
　　示谕军民人等，均准一律缉巡。
　　倘有查获私运，罚款提赏五成。
　　私家如有存积，首报或可从轻。
　　经此谆谆告诫，再犯定予痛惩。

　　　　　　　　　　　　　　　　　右谕通知

　　　　　　光绪三十四年　　　　月　　　　日
　　　　　　　告　示　　　　　　实　贴

公署示谕大帮私盐拒捕格杀勿论文

　　吉林行省为出示严禁事。照得盐务攸关国课，贩卖私盐定律綦严。吉省盐务改章，开办官运设立分局，严缉私销，诚恐乡民无知，不谙法律，当将盐务改革情形以及贩卖私盐科办例章饬局编就白话告示，分布所属城乡。俾乡里望而知儆，并饬属先后示谕，不啻三令五申。乃近来查阅三道岗缉私局呈报，竟有大帮私贩任意拒捕，实属愍不畏法。除通饬严拿外，合行出示严禁，为此示。仰阖省军民人等一体知悉。嗣后尔等务须各安生业，毋得私贩盐斤，自罹法网。倘再大帮私贩盐车，人至三十以上，车至十辆以上，并敢持械拒捕者，准缉私员弁会同地方文武一体查拿，格杀勿论。三尺俱在，切勿以身试法。其各凛遵，毋违。特示。

右谕通知

光绪三十四年　　　月　　　日

公署咨蒙古郭尔罗斯公请禁止蒙民私贩盐斤文

吉林行省为咨请事。官运总局案呈，据三道岗缉私分局委员巡检郑祖荫详称：窃奉宪台札饬，认真缉捕私盐，如有擅放各情，定即严惩，决不姑宽各等因，卑职凛凛谨遵。唯查卑局地近蒙荒，历年蒙古人民赴奉贩盐入吉者不乏其俦。迩际改归官运，禁止商贩，但恐蒙古人等未必周知。倘该蒙人仍照向年旧习贩盐赴入吉境，可否一律将盐扣留？抑或放行。卑职未敢擅便。理合详请示遵等情。据此，除批据详已悉，查禁止私销，虽屡经晓谕，而蒙人未必周知。嗣后遇有蒙人零星贩盐入吉，自应明白开导，不准再行贩私，以重官销等因，印发在案。伏查吉省开办官盐，禁止私运，各属设立官运分局专运官运，招商销售，并设缉私分局，缉捕私盐，业经通行晓谕在案。唯蒙界人民距省遥远，恐未周知。倘仍贩盐入吉，实于官销有碍。应请咨明蒙公查照，转饬所属蒙古人民不得运盐入吉，以维蹉务等情，到本大臣部院。据此，相应备文咨请贵公，请烦查照，转饬属界人民一体遵办。足纫公谊。须至咨者。

右咨　　　蒙古郭尔罗斯公

札吉林府讯办私贩朱国升文

为札饬事。据省仓胡委员在儒转据吉属岸商呈称：由双阳河地方拿获私盐两车，计十六袋，骡马九匹。私贩朱国升，系该处首领，素以私盐为业。现在官店业已开卖，彼仍照常贩运，且称与日人同伙，借肆要挟。呈乞转送严办等情到局。据此，除将该私贩先行函送收押，私盐变价充赏，骡马酌量入官，并呈报外，合亟札饬，札到该府，即使遵照提贩研究，该盐买自何处，实有若干石数，沿途有无洒卖，究与何人同伙，贩过几次，务得各确情，从严惩办，以儆效尤。再，该犯系朱国升，前函误书李国升，应饬更正，毋违。特札。

札　吉林府知府

呈报吉林府属岸商及巡警缉获各起私盐分别办理文

为呈报事。案据官运省仓委员胡县丞在儒禀，据吉属岸商呈称：在桦皮厂地方缉获私贩姚、战二姓私盐两大车，日盐十四包，并由该处巡警缉获私贩李万金私盐一车，计盐三包半。又据该员呈送，由岔路巡警缉获石成户私盐三百斤；又由双阳河缉获私贩朱国升私盐两车，计盐十六袋，骡马九匹。先后送交到局，呈请究办等情。据此，查官运开办已久，叠经示谕民间不准私贩，乃该犯等故违禁令，任意贩私，若不从严究办，殊不足以儆将来，除将私盐充公，照章变价提赏，并将各私贩发交吉林府讯办外，理合并案呈报宪台鉴核。为此备文，呈乞照验施行。须至呈者。

吉林行省抚宪批：仰将查获私盐车辆、头匹照律一概入官变价，酌赏册报。将各犯交吉林地方审判厅研讯，详办抄由，批发。

札长春府严拿私贩教民张永恩等究办文

为札饬事。案据三道岗缉私分局委员巡检郑祖荫详称：窃卑职于光绪三十四年十二月初一日拿获私盐一千七百斤，前已申报在案。卑职思维缉捕事宜，非四外买线，难期耳目灵通。复于本月初四日，卑职亲赴各处晓谕居民，遇有私贩盐斤赴吉省，嘱来送信，赏钱若干。兹于本月初六日晚十句钟时，有长属齐家窝房天主教民张永恩，用大车二辆，由怀德县运盐三千斤，赴入齐家窝房，经眼线张合来局送信。卑职飞往查拿，人盐均在该处，并直认私贩不讳。卑职即往见该教主桑神甫，再三不见。因见该教堂总管事齐永林，将《官运章程》再三开导，仅将盐斤带回，觅车将该盐解长。奈卑局地非市镇，无车可雇，于初十日专差赴长觅雇大车。去差尚未回归，忽于初十一日未刻，有私贩张永恩率同教民齐永耀、韩安子、王山等纠领一百余人，手执棍棒。唯齐永耀手持桑神甫名片来局，立索将盐如数退还。卑职告以官运定章，不能通融，俟面见桑神甫酌办。讵该教民齐永耀等不由分说，竟将前次带回私盐强抢一空，并抓巡差凶殴，身受棒伤。卑局房东杨凤林护救，亦被打伤。似此情形，非蒙严办，该教民等私贩益无忌惮。除移请巡警查验外，理合将抢打情由报请核办等情到局。据此，查盐务为中国内政，载在约章，无论何国洋人不能干涉。教士但司传教，尤应安分守己。吉省开办官运，禁止私销，业经抚宪分札饬遵在案。教民、平民均系中国子民，理应一律遵守。今该教民张永恩私贩盐斤，既违禁令，复敢集众逞凶，殊属目无法纪。若不查拿惩办，何以重官运而儆刁风。除批示外，合行札饬，札到该府，即便遵照。将该私贩张永恩及助恶教民齐永耀等一律严拿务获究办，一面将抢回私盐勒令充公，以维盐政。毋稍宽纵。切切特札。

札　长春府知府

长春缉私官运局会详缉获俄国火车私盐罚办文

长春缉私局坐办官运局总办为详请事。光绪三十四年十月二十三日案据缉私局司巡等在俄车站地方拿获私贩蒋子林一名，并食盐两火车，共计一百八十三袋，重四万四千斤。业将该犯获送长春府审判厅从严究办，以示警诫。所有获到私盐，业已转运双城官运分局发商变卖，共计洋一千七百六十元。除运费等开支洋四百三十六元九角二分七厘外，净余洋一千三百二十三元零七分三厘。查《缉私充赏章程》，前蒙札发饬遵在案。此次拿获之盐，该委员司巡人等，连日通宵严密查缉，不辞劳苦，实属尤为出力。应将变价之洋，除开支运费外，查照章程内开全数作为发赏，以资鼓励。是否有当，理合备文，详请宪台察核，俯赐批示祗遵，实为公便，为此备由，呈乞照详施行。须至详者。

光绪三十四年十二月十六日奉吉林行省批：据详，于俄国车站拿获大帮私盐，送厅审办。在事员司缉捕认真，殊堪嘉尚。该盐变价，除开支运费等项外，余款照章给赏，应否全数发给，抑止须提半之处，候由官运总局核明，饬遵可也。此缴。

附缉私坐办沈令来缄

提调大人左右：日前晋省承示以日、俄两国，如私运盐斤，尽可扣留罚办等语，钦佩莫名。荣馥回长后，当即悬赏购线于铁道左近，周密侦探。本年十月二十二日午后，据线民报告：有华商蒋子林者，素在俄国车站为使役，近日勾串两国汽车执事人，密运私盐数万斤，伪称他物，已到长春车站，将盘入俄车，转运哈尔滨销售等语。荣馥闻信，先派司事二人、巡役六名，赴车站查看。自黄昏守至天色将晓，仅见车站有俄国货车数辆。其中有无货物，无从辨认，亦无别项动静。该司巡等遂扬言回局，仍隐伏站边侦查。未逾时，见有数人，举动诡秘，由车站房运出盐包无算，络绎不绝装入俄车。该司事等急赴车站，与驿长交涉，请其停装。驿长置而不理，因急驰回局。荣馥急赴道宪衙门，禀明前情。蒙派俄文译员一人随同前往，与俄驿长一再辩论，并告以盐务为中国专政，贵国亦同承认等语。该驿长始允查问，而俄车早已开驶而去。荣馥知事在紧急，探查蒋子林尚在长春，因即捕获带回详讯，据供认贩私不讳，并云私盐共计两车，拟发销哈尔滨一带等语。问所执运盐提单，则称随盐装运。因一面将该犯送交长春府署，并经府署派司法巡警二名随同官运总局及缉私局员司、巡役，急乘第二次俄车追踪巡缉。至小城子车站，见有货车停列，正在陆续卸货。内有二车未动，未知是否盐斤，派官运局巡役试往挖视，果系食盐。急与就近驿长商议卸载，尚未解决，盐车忽又开驶，挖盐巡役左足被辗，身受重伤，舁至近村调治。该司巡等复乘车追至哈尔滨，盐车忽又不见，直寻至张家湾车站，始将盐车寻获。当即与驿长交涉，将提单扣留，私盐全数卸载，仍装回双城官运局变价，分别充公充赏示罚。此次缉获私盐至四万余斤之多，员司、巡役守望奔驰两夜一昼，实为异常出力，足纾□□荩注。除将办理情形另文禀报外，乞转回司宪是荷。专肃敬请勋安。荣馥拜肃。

新榆官运局
新城府知府会禀教士干预私盐奉公署批饬拘办文

新榆官运分局委员湖北候补同知徐植
新城府知府陈作彦谨大帅麾下敬禀者。窃卑府作彦奉度支司宪札饬案，据新榆官运分局详称：窃查新榆两属官盐，原系榆树县商会总理李绅若棠包销榆树，尚领盐百石，而新城迄未议定，颗盐未领。兹查新城一带毗连蒙古，访闻该处粮车回返均由奉天口新民屯、郑家屯等处草道，运去私盐极多。新城一郡既未设仓，亦未驻人，竟至无从查缉。拟请遴派委员前往详细查察，俾私贩知所警诫。一面速招妥商承办，庶官销或有起色等情到局。据此，除批据详已悉，新城距局较远，而岸商又未派人经理，致任私盐充塞，殊碍官销。调查存盐，分别官私，酌量惩办，使其知儆，诚为扼要之计。仰该局委员徐承植前赴新城，认真查验，会同地方官妥慎办理。并催令岸商分设盐店，设法疏销。如再延误，即行呈请撤换，以维鹾务。仍将办理情形随时具报等因印发外，合亟札饬，札到该府即便遵照，会同该员妥为办理可也，特札等因，奉此，卑职植于奉饬后，亦即由榆赴新会晤，卑府作彦筹办分设盐店、缉私事宜。旋据饷捐局巡差在本城德兴栈，缉获私贩梁德山私盐一车，计重五石七斗，查起东三省盐务总局发给运票一纸。当将盐车交德兴栈扣留，梁德山与盐票一并送府讯究。卑府作彦提讯梁德山，据供伊与工人刘姓赶套大车，拉运黄豆前往奉天辽源州即郑家屯售卖。到郑家屯住洪升栈，将豆卖给顺兴栈杂货铺，即在该栈买盐三千三百斤，合五石七斗，托洪升栈代起运票。运到新城寓德兴栈即被巡差查获等语。检阅运票，内注"由郑家屯运赴长春岭销售"，语甚含糊，并无"准运吉林省"字样。梁德山虽持有东三省盐务总局所发运票，即未载明"准运吉林省字样"，即系邻境私盐。正在照章讯究罚办间，忽有府城天主堂神甫马若瑟出为袒庇，声称：教民梁德山贩盐资本，系借神甫之款，不应将教民盐斤充公罚办。遽令众教民将德兴栈扣留梁德山车盐抢回。天主堂倚恃传教，包揽私盐，实属有违约章。卑府等因其蛮不说理，未便与较。唯新城盐务创办伊始，倘初次缉私即任教士违约干预，袒护包揽，恐于官运前途大受影响。应请由交涉司宪就近与蓝主教辩论力争，以重鹾政。是否有当，抑应如何办理之处，理合会禀大帅查核示遵，专肃具禀，恭叩崇安，伏乞垂鉴。卑职植
府作彦谨禀。

吉林行省^{督抚}宪批：查教民遇有违犯官章事件，例应与平民一律惩治，载在约章，该守等岂并未寓目。此案梁德山所贩之盐，既未领有吉省贩单，而所请东省总局运票又无指明运赴"吉省"字样，自系私盐。何得倚恃教民，耸令神甫马若瑟将所扣之盐抢回，殊为不合。仰该守迅即拘传各教民，饬将抢回私盐如数缴出罚办。如果教士马若瑟出头干预，不妨剀切开导。倘一再不遵，即拘送该管领事衙门，一面报明交涉司，以便照会惩办。毋稍畏葸，致误要公。切切，此缴。

新安镇缉私局委员呈报私贩拒捕文

新安镇官运缉私分局委员候选同知启缮为呈报事。窃委员于本月初七日，带领巡差并护局队，前往四乡查验道路。初十日巡视到西南乡七八里有土山一带，地名万宝山。来往车号极明，就从是日晚，分拨密派巡查三名，护局队三名，常川日未落在彼堵缉，天将明旋局。连日如是。今于本月十三日下晚，在戌亥时分，见有西来私盐四大车，并无枪械，即在万宝山南荒甸子圈获。正拟分拨押送，又见由西来大车多辆，尘沙飞扬，夜月之下，大约有四五十辆之谱。巡查连队拟欲上前圈获，尚隔二三里之遥，该西来大帮盐车施放快枪两三排，形将拒捕。巡差等见势不佳，即刻催马回局报信调队，竟被大帮车瞥见，连放三四枪，幸人马未伤。时已夜半，委员即刻加派巡差。又知会驻扎第三营右哨胡哨官作霖带队十二名，立刻随同报信人前往。以先所获四个盐车，方派巡差四名，护局队三名押解回局。胡哨官带队迎至半路，押车巡差回去二名，仍同赴万宝山曼家窝铺堵缉。时大帮车已向东开去，有落后盐车二个，又被缉获。车上有洋枪一支，子母袋，立刻夺获。今请留护卑分局，并下夜用以壮声势。此次续获两车，饬队押送回局，又加派巡差并队各四名，胡哨官随后尾追。该大帮车随跑随放枪，胡哨官所带之队一枪未发，追至东南玻璃城子屯方得手。圈获盐车六辆，其余均漫散，逃逸无踪。人马奔驰，终夜疲困已极。十三日巳正，方押解六辆盐车旋局。今谨将盐车三次缉获共十二辆，盐斤五十五石一斗，连盐犯车马全数具文，派巡差并队押解，随文呈送长春缉私总局外，理合具文呈报吉林官运总局宪鉴核施行。须至呈者。

官运总局批：据呈已悉。该员查追大批私盐，虽未能尽数缉获，尚能圈拿十余车，于公事不无裨益。候饬缉私坐办严究，余车务获惩办。至私贩放枪拒捕，实属藐无法纪。现奉帅谕：凡大帮私贩盐车至三十辆以上，并持械拒捕者，准由缉私员弁会同地方文武，一体严拿重办。仰即知会营讯认真巡缉，毋稍松懈，是为至要。抄由，批发。

官运缉私坐办呈报长春巡警总局缉获私贩盐斤分别充公充赏文

长春官运缉私生办委员调吉补用知县为呈报事。窃准长春巡警总局函开：据副区官陈宝、李广山、巡长王奎升等巡至老边岗，缉获私盐十九车，查验所执奉省盐票，并无"准运吉林省"字样。业将盐车扣留，连同盐票呈请核办等情，转送到卑局。准此。并据三道岗缉私分局郑委员报同前由，当经卑职会同长春官运局唐守，将盐发交长春官盐总店秤收，计重五万六十八斤。按照新章，每百斤变价三元五角，合洋一千七百五十二元三角八分。除分别归公充赏，另行汇总造报外，理合具文报明，仰祈宪台鉴核。为此备由，呈乞照验施行。

官运总局批：据申已悉。抄由，批发。

工程类

详请将宝吉局房屋地址改为官运总局文

署理吉林度支使司度支使为详请事。窃查吉省宝吉局铸造制钱耗费不资。先经本署司详请裁撤，归并银圆局办理在案。

兹查宝吉局既经裁并，所余局房废弃可惜，查省城官运总局建仓设局正在择地之时，应请即将该局房屋地址改为官运总局，以节经费，而资办公。

是否有当，理合具文详请宪台察核，俯赐批示祗遵，实为公便。为此备由呈乞照详施行。须至详者。

光绪三十四年三月十四日奉吉林行省^{督抚}宪批：如详办理。缴。

民政司移知委员验收官运总局工程并无偷减由

署理吉林民政使司民政使果勇巴图鲁谢为移知事。

案奉^{督宪}宪^{徐陈}批：本司呈览"遵饬派员验收官运局改建各房工程，检同册图各结，请鉴核缘由"，奉批：既据委员验收，委系工坚料实，并无偷减等弊，应毋庸议。册图各结存案，抄由批发，等因奉此，相应抄呈备文移知贵局，请烦查照可也。

须至移者。

计粘抄原呈一纸。

右移　吉林官运局。

为呈覆事。

光绪三十四年十一月十一日奉宪台札开：据官运局详称：窃查职局办理官运，系将裁撤之宝吉局改设，内仅正厅五间，余屋均为旧日铸钱安炉之用，且已欹斜倾侧。当于本年四月间估定应添间数及应修处所各工料价值，计需官帖钱一万二千六百九十六吊。开具清折，详。奉^{督宪}批示：如详改建等因，遵即兴工修造。嗣因官盐开运以来，局中办公人役间有增添未如厨房、勇房、栏杆、沟道、浴房、板墙等项，有为从前漏未估及，而万不可少者。复饬各匠估计，实需工料官帖钱五千一百吊，即趁天时未冻，接续修缮。并于十月初六日开具清折，详。奉宪批：纂估各工，既据称万不可少，准如呈，添修可也。等因奉此。现查职局原估续估各项工程均已一律告竣，自应并案。详请派员验收，以昭核实。除将原续估各工另缮清折呈阅外，所有各工完竣，拟请验收各缘由，理合具文详请鉴核等情。计呈清折一扣，到本大臣部院。据此，除批示外，合就札饬。为此，札仰该司即便遵照，克日派员前往官运局查照抄折，逐一验收，取具各匠首保固切结，加具验结，呈复核夺。毋延，切切特札。计抄折一纸，等因奉此，当即遴委营缮科员叶曦前往验收。去后，兹于十二月二十四日，据该员声称遵往官运局，会同监工委员李树林，按照折开各项工程逐一验收，实系工坚料实，并无偷减等弊。随即取具该局及监工各印结，并匠人领结保固结，暨清册图式，加具验收切结，呈请核转等情前来。署司覆核无异，理合检同册图各结，具文呈请宪台鉴核施行。

须至呈者。

计呈送：清册一本，图式一张，印结验收结二纸，保固结领结各一纸。

详借用公地修建省仓文

官运总局为详请事。窃查吉省开办盐务官运，按照定章应行建造省仓。业经详奉批准派委专员监工在案。兹查前项仓基必须选择车运便利，地方宽敞之区，方足以利转输而免拥挤。现经署司商准提法、民政两司将省城西关外习艺所隔壁公地一块，先行拨借职局建造仓房住屋，仍俟吉长铁道开行后，另择汽车相近处所建仓，再将该地退还，以免久占。除召匠估价另案详办外，所有职局借用公地建造仓基情由是否有当，理合备文详请宪台察核，俯赐批示祗遵，实为公便。为此备由，呈乞照详施行。须至详者。

右详　吉林行省督宪

光绪三十四年七月十五日奉吉林行省批：如详办理。仰即招募工匠，撙节估计，绘图贴说，订立合同，另文详夺。一面分移提法民政两司查照。缴。

详估建吉林省仓工程文

官运总局为详送事。窃照职局借用官地建造仓基缘由，业经另文具详请示在案。兹查省盐盘运在即，仓房急需建筑。当经由局饬令省仓委员胡县丞在儒，分召土木匠头，拟定图样，核实估计，共须土木一切工料价六万三千六百吊文。理合绘具图式，开列估折，具文详请宪台察核批示，以便择日兴工，实为公便。为此备由，呈乞照详施行。须至详者。

右详　吉林行省督宪

光绪三十四年七月十六日奉吉林行省批：来文并图折均悉。前据呈请借用官地建造仓基，业经明晰批示在案。兹既委员招工，核实估计共需工料价钱六万三千六百吊，应准照办。仰即督饬择日兴工，赶紧修建。务期工坚料实，毋任草率偷减。一俟工竣，详请派员验收，一面逐细造报，毋稍浮冒，是为切要。仍先将开工日期具报备查。缴。

详请验收省仓工程文　附图（略）

为详请事。窃查职局借用省城西关外习艺所隔壁公地建造盐仓，前经饬据省仓委员胡县丞在儒核实估计，共需工料钱六万三千六百吊。开列估折，绘具图说，详奉批准照办。嗣因仓基划界稍窄，改缩房屋尺寸，加添各项零星工程。复经估计，仍照原价定议。并经呈送图折，具详在案。现在各项工程一律报竣，自应详请派员验收，以昭核实。理合开具原续估各工清折，绘图贴说，具文详请宪台鉴核，俯赐委员验收，实为公便。为此备文，呈乞照详施行。须至详者。

图式　纸

右详　督抚宪

民政司移知委员验收省仓工程文

署理吉林民政使司民政使果勇巴图鲁谢为移知事。案奉督署抚宪陈徐批：据贵局详省仓工竣，列折绘图，并请派员验收缘由。奉批，仰民政司速即委员前往验收各工，是否工料坚实，有无草率、偷减、浮冒情弊，取具保固印结，出具验结，详覆核夺。并移该局知照，抄由批发。计发原详一本，清折一扣，图说二纸，均俟验收毕随详呈缴，等因奉此，除札委营缮科员叶曦前往验收外，相应备文移知贵局，请烦查照可也。须至移者。

右移　吉林全省官运总局

民政司验收省仓工程工坚料实录批移知文　附原呈

署理吉林民政司使谢为移知事。案奉督署抚宪陈徐批　本司呈复"据营缮科员叶曦验收省仓工程并送印甘各结，请鉴核缘由"。奉批：既据委员验收官运局省仓工程工料坚实，并无草率、偷减、浮冒情弊，应毋庸议。清折领呈各结同原详等存案备查。抄由批发等因，奉此，相应抄粘原呈，备文移知贵局，请烦查照备案。须至移者。

右移　吉林官运总局

计粘抄

为呈复事。

案奉宪台批"据官运总局详，省仓工竣，列折、绘图并请派员验收缘由"。奉批：仰民政司速即委员前往验收各工是否工料坚实，有无草率、偷减、浮冒情弊，取具保固印结，出具验结，详复核夺，并移该局知照。抄由　　批发。计发原详一本，清折一扣，图说二纸，均俟验收毕随详呈缴，等因。奉此，当经遴派营缮科员叶曦前往验收。去后，兹据该员以遵往该仓，会同监修工程委员胡在儒详细验明，委系工坚料实，并无草率、偷减、浮冒等弊。即向取具清折，领呈并印甘保固各结，加具验收切结，呈请核夺等情前来，署司复核无异，理合检同奉发原详、清折、图说并验收印甘各结，具文呈请宪台鉴核施行。须至呈者。

申札总局提调张弧前赴长营两处勘定仓基局所文

为申报事。窃照吉省开办官运，业经拟定设局、用人、存储、采运一应章程，详报移行各在案。兹查官运局创始之际，自应先从建立总仓、采运盐斤、调查运道入手。现在长春、营口各局原委人员尚未到差，而一切事宜不容稍缓，自应派委同调查运路及差遣各员，亲赴长春、营口两处勘定仓基局所，赴东三省盐务总局筹商领票、开运火车运费各事宜，俾臻周妥。除咨行外，理合具文申报宪台鉴核。为此备文具申，伏乞照验施行。须至申者。

　　一申　　行省衙门

前事云至，俾臻周妥。除申报札行外，相应备文咨请贵总局，请烦查照施行。须至咨者。

　　一咨　　东三省盐务总局

前事云至，俾臻周妥。除申报、咨明外，合行札饬。为此札仰该员即便遵照。特札：

总局提调张守弧
李倅培元
委员李府经树林
郑巡检祖荫

　　一札

总局提调张弧详报勘定长营两处仓基局所及赴东三省盐务总局筹商领票开运并会议火车运费各事宜文　附仓基图式（略）

官运总局提调，前福建候补知府，为详请事。窃奉官运总局札开：照得吉省开办官运，业经本司拟定设局、用人、存储、采运一应章程，详报移行各在案。兹查官运局创始之际，自应先从建立总仓、采运盐斤、调查运道入手。现在长春、营口各局原委人员尚未到差，而一切事宜不容稍缓，自应派委该守率同调查运路及差遣各员，亲赴长春、营口两处勘定仓基局所，并赴东三省盐务总局筹商领票开运并会议火车运费各事宜，俾臻周妥。除申报、咨明外，合行札饬。为此，札仰该员即便遵照，等因奉此，革员遵即率同委员人等，于本年五月二十八日到长春府，连日亲赴车站周围踏看仓基，并查考该地情形。查得日俄两国车轨附近地界均有划定界沟，界沟以内即归铁道管理。近日南满洲铁路公司新定章程：凡大车行走界沟以内者，均须酌收车捐。因此，车辆往来界内颇形不便，是界沟以内难于建仓者一。若仓基距铁路过远，则盐离汽车后转运至仓，运脚颇昂。原拟于铁道旁安设小铁轨一层，能否有济，尚无把握。万一不成，则运本过重，盐价必昂。民食既虑艰难，私销尤易倒灌，是界沟以外之难于建仓者二。吉省官盐既以长春府为总汇之区，则装盐民车往来必众。若地势过僻，道路过狭，大车拥挤，碍及行人，是偏僻之地难于建仓者三。综是三端，防虑既多，择地亦遂不易。嗣于五月初三日，赴乾佑门外头二道沟日本车轨分岔小站边恒裕乡地方，勘得刘岳氏、刘广盛及崔姓等田地一块。其地虽接近车轨，而轨旁铁路公司所划界沟距轨线仅十余步而止，界沟以外即为华界。设仓储运曾无交涉之烦，又省搬运之力。中央有大道一条，即系由府赴双城厅大道，民车往来毫无禁阻。以之建立仓基，实有天然适当之位置。遵即电禀度支司宪呈请宪示。旋奉电谕准即照办。因即召集地户，当同工房量定亩数，钉立界桩，建竖界坊。划定田亩八垧有奇，以大道南面一方作为官运局总仓基址，北面一方作为总仓办事人住屋及打票收钱各办事房基址。此勘定仓基之情形也。

近时，长春地价，凡在铁道附近者，以二八八行弓计算，每垧约值一千五六百吊左右。若由官府购买，每垧照例给官价一千吊文，承领尚多周折。故民间深以官府购地为苦，且界沟以外附近各地，近日洋商亦复争相购置。即如所勘之地亦经三井洋行议购未成。革员调查确实。因托就地耕种乡民传集各地户到地，告以此次购地决不经官府之手，全以商人资格直接买卖。并议给地价每垧官帖一千三百吊文，并无丝毫折扣。又每垧另给已种青苗钱三十吊文。于是各地户均将原领大照呈官，验明该地并无售过他人及来历不明之事。乃于五月初九日，召集各地户佃民及长春府工房一律到局，当面算明亩分细数，分别写定契据，眼同画押印摹。随即亲手付给各地户佃民地价及青苗钱文，以杜经手侵扣之弊。又查府署工房量地写契旧例每地价一千吊，应扣给酬劳钱一十二吊文。革员以地价并无折扣，既经声明在前，未便因此失信。唯该工房书吏连日赴乡丈量、钉界，并到局写契、核算，不无微劳足录。因当众另行发出赏钱一百二十吊文给该书吏承领，并谕令不得再向地户索值。契约遂分别定妥。此发价立契之情形也。

长春田土大半均系蒙地，日后仍须换领大照，以资执管。业经就近与蒙公所设之租柜委员商明，因现时空白大照尚未印就，革员即须赴奉、营两处筹议开运事宜，应俟归途过长春府再行办理。现在先将购定地段移明长春府及长春交涉局查照立案。至购地契纸领据各件，除由革员自行带省呈验外，理合先行抄录一份，连同绘具仓基地图及购地开支款目列折，详请宪台察核。所有此次开支地价及勘地动用一切款项，共计吉银二千三百三十四两五钱九分一厘六毫，可否即在长春府属收存补征盐课银款项下动支，并乞宪台批示祗遵。

再长春官运局房现拟暂借官帖局管业之福德润店屋一所为办公之处。日后应否更改，再由唐守人寅到差时斟酌请示办理。唯仓基既已勘定，估工兴造关系天时，万难再缓。唐守到差尚未定期，革员赴奉天营口筹办开运事宜，一时未能兼顾。查有采运委员何令韶办理盐务有年，于仓廒工程最为熟悉，操守可信，处事亦谨慎耐劳。合无仰恳宪恩准予饬局加札委令建造总仓事务，以期迅速之处，伏候宪台裁夺，饬遵。实为公便。为此备由，呈乞照详施行。须至详者。

右详：吉林行省_暨宪_宪。

光绪三十四年五月三十日奉吉林行省批：详折均悉。购置仓基适在铁路公司界沟以外，而仍能近接车轨，搬运省费，位置颇为适宜。议给地价系以商人资格与乡民直接买卖办理，尤为妥洽，殊堪嘉慰。地价银二千三百三十四两五钱九分一厘六毫，准即在于长春府属收存补征盐课项下动支造报。长春官运分局唐守尚未到差，开运在即，仓廒工程未便稍稽。如详，由局札委何令建造总仓，以期迅速。仰即遵照。缴，图存。

长局详修仓暨建造局所文

长春官运局总办为详请事。窃奉宪台札开：照得吉林全省官运盐务事件，业经本署司会同东三省盐务总局拟订开办章程一十八条，另文会详_暨宪_宪察核在案。兹查官运局开办伊始，责重事繁，应将省会及长春官运总办、提调、文案、收支各员先行选委，俾专责成。兹查有调吉福建知府唐人寅，堪以委办长春官运局总办，月支薪水公费银共二百两，以资办公。除详报移行外，合就札委，札到该员即便遵照，到差认真办理，毋负委任。切切，此札。等因奉此。卑府遵于六月二十一日开办长春官运局务。查长春官运储仓基地，前经张守弧率同各员勘定长春府乾佑门外华民崔、刘各姓田地，共计八垧，基址左右紧接南满洲铁道，距城又不甚远，储运并利，适合机宜。并委何令韶为承修委员。现在开运伊迩，急宜起造，以便囤储。唯何令派驻营口，道途窎远，未能兼顾。卑府既已接办，自应召匠勘建。先拟起造储仓二百间，并濠沟、墙垣、栅栏、车道等项，均从搏节核实估修，开具清折，恭呈宪鉴。

其余办公所及添修铁轨起盖板仓一切工程，尚在估价。一俟工程估定，再行详报。至承修卑局仓屋，委员是否仍令何令韶承修之处，理合备文，详请宪台察核，俯赐批示祗遵，实为公便。为此备由，伏乞照详施行。须至详者。

右详　吉林行省^{督抚}宪。

光绪三十四年七月十五日奉吉林行省批：据详并图、折均悉。查此项仓工，前因开运在即，曾委何令兼办。现在该守既已到差，何令远在营局，自难兼顾，应即责成该守承修。仰速饬匠克日兴工，免误仓储。一俟工竣，详请派员验收。一面将办公所及添修铁轨等项工程，再行撙节核实估计，另文详夺，毋稍浮冒，是为至要。并先转移何令知照，缴。

长春官运局详建盐仓办公房文

长春官运局总办为详请事。窃奉宪台札委办理长春官运局事务，业经将开办日期，建造储仓，并濠沟、墙垣、栅栏、车道各工程开折，详报在案。现在局务正值始创之际，凡有应设、应立以及修理局所、添买器具等项，在在均须购置完备，以资办公。兹将修理局所工料，添置动用器皿，开具清折恭呈宪鉴。唯卑局系赁官钱局左边余屋作为办公之所。查此屋内外房舍间数虽属不少，然以两局同处一区，尚觉不敷所有。现拟于中间平坪内添修洋式楼房六间，俾在局各人员得以安顿，而壮观瞻。业已召匠核实勘估，需用工料洋三千元。窃思吉省新创盐政，用款浩繁，应需之中既属万难再省，尤宜妥筹善法，以臻两全。一再思维，唯有将此项用款暂归公垫，由房租内按月提还。计全年加租赁洋三百元，作十年匀摊，以清公款。并请作为流交抵销。此就卑府愚昧之见。是否有当，伏候察核。至新建盐仓内办公房，以及委员司事仓丁杂役住所，并厨房马号房等，以及砖墙各项工程从实核估列折详报，以便查核。所有建造房屋、添置器具各缘由，理合开明清折四扣，详请宪台察核，俯赐批示祗遵，实为公便。再盐仓办公房应用木器杂件及琐碎应添各项，俟工竣后另行开折详报，合并声明。为此备由，呈乞照详施行。须至详者。

右详：吉林行省^{督抚}宪

光绪三十四年八月初十日奉吉林行省批：详折均悉。该局修造一切工程及购置器具等项，查核数目尚无浮冒，应准支销。盐仓房屋亦为办公所必需，并准如拟兴筑。仰即督饬赶造，务期工坚料实，勿任草率、偷减。一俟全工告竣，详请委员验收，以昭核实。至该局房屋地基均系官帖局产业，添盖房楼应归官帖局筹款办理。所请归公垫修之处，应毋庸议，并即知照。缴。

会计类

清代吉林盐政

札饬分局依限造送旬月报文　附旬月报各式

　　为通饬事。照得本总局开办官运以来，各属设站分局。所有运销盐斤及一切支存款目当经饬令按旬按月分报总局，俾便稽核。兹查各该局旬月各报，仍有未据造送者，殊属玩延；间有造报到局，亦多参差不齐。嗣后无论旬月各报，宜以届期三日内赶速造送，除旬报仅报总局外，其月报册并宜造报公署一份，统交本总局代为投递。遇有应解课款，亦应备具公牍迳解总局，一面申报公署，不得再以函信报解，俾重公款。除先后函电分别饬催外，合再札饬，札到该局即便遵照。务将开局以后，按旬按月收除盐斤数目及支销银款依限分报，其有已经呈报而先后参差不全者，现经本总局查明开列清单，饬令造齐补送，不得再事迟延，致干未便，切速。特札。

　　　札　各官运分局
　　　　　营口采运局
　　计札发旬报单一纸

光绪年月日	单	报							旬	局					
	存_{钱洋}实在	局用	载资	盐价	开除 收_{钱洋}	新收_{钱洋}	旧管 存_{钱洋}	银钱项下	实在 存盐	转运盐	销售盐	开除 收盐	新收 存盐	旧管 存盐	盐斤项下

正项收洋各款册式

旧管

一、存洋若干

新收

一、收发交总商转售正盐若干石_{每石七百斤计若干斤}每斤收洋若干，共收洋若干

共收洋若干

以上管收洋若干

前件分计各款 _{另公余一项系节省耗盐所得应}
_{按月另造专册呈报不在此内}

一、本月分发售正盐若干石应收盐课若干

应收盐厘若干

应收公费若干

应收缉私费若干

应收成本公利若干

共应收一切盐价洋若干

开除

解款项下

一、解宪局第几批课洋若干

薪伙项下

一、支委员某人薪水洋若干

一、支员司书役每人每天伙食若干计洋若干

以上共支薪工伙食洋若干

局用项下

一、支某项川资若干

一、支某项化费若干

以上共支局用洋若干

成本项下 _{凡有卸力小工并盖盐芦}
_{席枝柴布掦等件亦归此项}

一、支某次运盐若干石每石车费若干计洋若干

以上共支成本洋若干

以上总共支洋若干

实在

一、存洋若干

详定发商盐价核计成本余利洋银数目请示文

为详报事。窃照吉省食盐改归官运，业经先后详请设立营口采运并吉属各处官运分局，均奉宪台批准，次第设立在案。

兹查官盐由营口陆续运至长春总仓，业已数次，亟应划清运次，科合成本，以便行销。现拟定每十批为一运计一千引，由总局核本定价，一次行知长局，遵照办理。兹据营、长两局会报，第一运盐斤盐价运费前来，当由职局科

合成本余利，通盘计算。计官盐第一运由长局总仓发商，盐价每斤应定小洋三分三厘，除成本二分五厘六毫三丝二忽三微外，可余公利七厘三毫六丝七忽七微。按照现在长春商存盐斤售价，每斤约减少吉钱十文左右，其余各局售价应俟转运到地后，另行拟定详办。唯是开办之始，官商合力经营，必须两相辅助，现在官定盐价，固已从廉估计，而商人转售余利但求无碍民食，亦应略予宽筹，俾免赔累而恤商情。拟由局随时核计，大约每盐百斤包商除缴官价并分别科计商人领运远近运费外，每石七百斤准加余利至小洋二元一角，仍俟销数畅旺再行酌量变通办理，以便民食而裕官销。是否有当，理合列表，详乞宪台察核，俯赐批示祇遵，实为公便。为此备由，呈乞照详施行。须至详者。

计呈　清折一扣

右详　吉林行省^督宪

光绪三十四年八月二十二日奉吉林行省^督宪批：据详，此次官盐第一运由长局总仓发商，每斤定价小洋三分三厘，已较商存盐斤售价约减吉钱十文左右等语，事属创办，不厌详求。现洋市价甚高，承销商人必当为其酌留余利，而售于民间尤不可比前价贵，方不致有妨民食。仰即悉心体察情形，统筹兼顾，妥慎办理，务使裕课便民两有裨补，是为切要。此缴，表存。

详报吉省官运总分各局自开办起至年底止运销盐斤情形并呈送各属销盐官价本利总分表文

为详报事。窃照吉省办理官运，业将开局开运日期及重要事件随时呈报在案。兹查官盐自光绪三十四年七月开运起，其长春、新榆、双城、宁古塔四分局均于九月间开秤，吉城省仓、伊磐分局、阿什河分局均于十月间开秤，次第发卖。官定盐价比照未办官运以前均属有减无增，商民称便，销数日形畅旺。民间旧存盐斤为数尚多，官盐甫经开办，不得不价廉秤足，以广招徕，核本一切颇经审慎。现在截至光绪三十四年十二月底止，运销盐斤已及三万余担，理合将省外各属销盐官价新旧比较及各属本利总分表十一份装订成帙，备文呈请宪台察鉴，俯赐批示祇遵，实为公便。

再各属销数盈绌不同，滩价运资涨落无定，各表估本数目均系照折中之数酌定，以后应准随时更改，另文呈报，合并声明。为此备由，呈乞照详施行。须至详者。

计详送总分表十一份

一详　^{奉天}_{吉林}行省^督_抚宪

吉林官运总分各局官盐本利价值各表　　附表

表一 官运总分各局每月销盐官价表

局名	(盐种)	九月	十月	十一月	十二月
长春局		三分三厘	三分三厘	三分三厘	三分三厘
总局省仓			四分二厘	四分二厘	四分二厘
伊磐分局			三分三厘	三分三厘	三分三厘
新榆分局		一百六十五文	一百六十五文	一百六十文	一百五十文
双城分局	每斤盐价	四分	四分	四分	四分
阿什河分局	盐长				一百五十五文
阿什河分局	盐崴		一百六十五文	一百六十文	一百六十文
宁古塔分局	盐崴	一百六十文	一百六十文	一百六十文	一百六十文

表二 吉林官盐新旧价值比较表

局名	斤（每斤）	原定官价	未办官运以前市价	加减比较
长春局	斤	三分三厘	一百四十文／四分二厘四毫二丝	减九厘四毫二丝
总局省仓		四分二厘	一百八十文／五分四厘五毫四丝	减一分二厘五毫四丝
伊磐分局		三分三厘	一百二十文／三分六厘三毫六丝	减三厘三毫六丝
新榆分局		一百五十文	一百七十文	减二十文
双城分局		四分三厘	二百文／六分零六毫零	减一分七厘六毫
阿什河分局		一百五十五文	一百七十文	减十五文
宁古塔分局		一百六十文	一百六十文	同

表三　官运总分各局本利一览表

名局	局春长（石）	局春长（斤）	仓省局总（石）	仓省局总（斤）	局分磐伊（石）	局分磐伊（斤）	局分榆新（石）	局分榆新（斤）	局分城双（石）	局分城双（斤）	局分河什阿·值价盐崴（石）	局分河什阿·值价盐崴（斤）	局分河什阿·值价盐长（石）	局分河什阿·值价盐长（斤）	局分塔古宁·值价盐崴（石）	局分塔古宁·值价盐崴（斤）
成本总数	十九元二角九分三厘零七丝零六微	二分七厘五毫六丝一忽五微	二十七元七角	三分九厘五毫七丝一忽四微	十九元零八分一厘一毫三丝五忽六微	二分七厘二毫五丝八忽七微	八十五吊九百四十六文	一百二十二文七	二十七元二角一厘三毫九丝	三分八厘八毫五丝九忽	一百零六吊八百七十文	一百五十二文六	八十二吊九百三十七文	一百二十八文四八	九十一吊八百文	一百三十一文一
发商盐价	二十三元一角	三分三厘	二十九元四角	四分二厘	二十三元三角一厘	三分三厘	一百零五吊	一百五十文	三十元零一角	四分三厘	一百一十二吊	一百六十文	一百零八吊五百文	一百五十五文	一百一十二吊	一百六十文
所得公利	三元八角零六厘九毫二丝九忽四微袋盐利三角九分六厘	五厘四毫三丝八忽五微袋盐利五毫六丝五忽七微	五元九角零二厘九毫二丝九忽四微	八厘四毫三丝二忽八微	四元零一分八厘八毫六丝四忽四微	五厘七毫四丝三微	三十一吊六百五十四文	四文五三	七元一角零一厘五毫三丝九忽四微	一分零一毫四丝三忽九忽二微	五吊一百三十文	七文四	三十八吊一百六十三文	五十四文五二	二十吊零三百文	二十八文九

表四　长春局本利表

成本总数	每石洋数	贴水洋数	每石总数
盖平盐价	二元零四分六厘八毫四丝九忽八微	二角九分七厘一毫二丝三忽三微	二元三角四分三厘九毫七丝八忽六微
滩坨上船抬力	一角六分四厘七毫七丝零四微	二分三厘九毫一丝八忽二微	一角八分八厘六毫八丝八忽六微
滩上装袋手工	五分	七厘二毫五丝八忽	五分七厘二毫五丝八忽
装盐麻袋	一元一角九分八厘五毫零四忽四微	一角七分三厘九毫七丝六忽四微	一元三角七分二厘四毫八丝零八微
缝袋麻绳	三分五厘	五厘零八丝零六微	四分零零八丝零六微
缝袋手工	五分	七厘二毫五丝八忽	五分七厘二毫五丝八忽
滩盐运至营口埠头船载	八角二分七厘九毫八丝八忽	一角二分零一毫九丝一忽八微	九角四分八厘一毫七丝九忽八微
船盐到埠抬力	一角二分	一分七厘四毫	一角三分七厘四毫
站盘盐上汽车并装车	一角二分四厘	一分八厘	一角四分二厘
汽车正价及日币贴水	四元八角五分七厘六毫零九忽	七角零五厘一毫三丝六忽	五元五角六分二厘七毫四丝五忽
斗用	八分	一分一厘六毫一丝二忽九微	九分一厘六毫一丝二忽九微
沟捐	五分	七厘二毫五丝八忽	五分七厘二毫五丝八忽
营口盐卡验费	一分	一厘四毫五丝一忽六微	一分一厘四毫五丝一忽六微

长春火车卸力	由车站运至总仓	应收盐课	应收盐厘	应收公费	应收缉私费	以上每石成本总数	发商官价	所得公利	所获袋盐利	发　明
一角一分二厘六毫八丝四忽二微	六角七分	四元六角	一元二角	一元	七角	十九元二角九分三厘零七丝零六微	二十三元一角	三元八角零六厘九毫二丝九忽四微	三角九分六厘	
						数共 十九元二角九分三厘零七丝零六微	数共 二十三元一角	\{ 四元二角零二厘九毫二丝九忽四微		

谨按：吉林办理官运核本最为困难。表列各价有昔贱今贵者，如盐价初购每六百四十斤仅一元八角，今贵至二元八角，日币贴水：春间每元二角，今贵至三角有奇。有昔贵今贱者，如汇营小洋十一月以前每角贴水，平均一分五厘，十二月后每角只须八厘左右，装盐麻袋初购每只小洋三角，现减至二角八分，其余车站至总仓运资亦渐减省。有昔贵今贱者，如滩盐船运每石由八角二分渐贵至一元二角，十一月后天寒地冻改装民车只须七角，然明春开冻车运不便仍须加贵。至吉省通用官帖购盐缴课必须银圆，市情变幻瞬息即异。右表系照夏秋船运，折中拟价，此贵彼贱互相抵注，核本之际尤须稍留余地，至动支款目仍以各局册报为凭，理合发明。

盐数	每斤	每石 即七百斤	十石	百石	千石	万石
成本总数	二分七厘五毫六丝一忽五微	十九元二角九分三厘 零七丝零六微	一百九十二元九角三分 零七毫零六忽	一千九百二十九元三角 零七厘零六丝	一万九千二百九十三元 零七分零六毫	十九万二千九百三十元 零七角零六厘
发商官价	三分三厘	二十三元一角	二百三十一元	二千三百一十元	二万三千一百元	二十三万一千元
所得公利及袋盐利	六厘零零四忽二微	四元二角二厘九毫二丝九忽四微	四十二元零二分九厘二毫九丝四忽	四百二十元零二角九分二厘九毫四丝	四千二百零二元九角二分九厘四毫	四万二千零二十九元二角九分四厘

表五　总局省仓本利表

本利预算								由长春运至省仓	长春盐价	成本总数
长岸原加公利		本岸公利		发商盐价		成本总数				
每石	每斤	每石	每斤	每石	每斤	每石	每斤			每石洋数
四元二角零二厘九毫二丝九忽四微	六厘零零四忽二微	一元七角	二厘四毫二丝八忽六微	二十九元四角	四分二厘	二十七元七角	三分九厘五毫七丝一忽四微	四元六角	二十三元一角	二十七元七角

总数	
每石	每斤
五元九角零二厘九毫二丝九忽四微	八厘四毫三丝二忽八微

表六　伊磐分局本利表

项目	每石洋数	贴水洋数	每石总数
成本总数	二元零四分六厘八毫四丝九忽八微	二角九分三厘六毫一丝	二元三角四分零三厘九毫七丝三忽一微
盖平盐价	一元一角九分八厘五毫零四忽四微	一角七分三厘九毫	一元三角七分二厘四毫八丝零六微
滩坨上船抬力	五分	七厘二毫五丝八忽	五分七厘二毫五丝八忽
滩上装袋手工	一角六分四厘七毫七丝零四微	二分三厘九毫	一角八分八厘六毫五丝零六微
装盐麻袋	三分五厘	五厘零七毫六丝六忽零四微	四分零五毫七丝六忽零四微
缝袋麻绳	五分	七厘二毫五丝八忽	五分七厘二毫五丝八忽
缝袋手工	五分	七厘二毫五丝八忽	五分七厘二毫五丝八忽
滩盐运至营口埠头船载	八角二分七厘九毫八丝八忽	一角一分九厘九毫八丝八忽	九角四分七厘九毫八丝八忽
船盐到埠抬力	一角二分	一分七厘四毫	一角三分七厘四毫
站盘盐上汽车并装车	一角二分四厘	一分八厘	一角四分二厘
汽车正价及日币贴水	五元二角五分七厘六毫零九忽	七角六分一厘二毫零一忽	六元零一分八厘八毫一丝
斗用	八分	一分一厘六毫一丝二忽九微	九分一厘六毫一丝二忽九微
沟捐	五分	七厘二毫五丝八忽	五分七厘二毫五丝八忽
营口盐卡验费	一分	一厘四毫五丝一忽六微	一分一厘四毫五丝一忽六微

本利预算						应收缉私费	应收公费	应收盐厘	应收盐课	公主岭火车卸力
所得公利		发商盐价		成本总数						
每石	每斤	每石	每斤	每石	每斤					
四元零一分八厘八毫六丝四忽四微	五厘七毫四丝一忽三微	二十三元一角	三分三厘	十九元零八分一厘一毫三丝五忽六微	二分七厘二毫五丝八忽七微	七角	一元	一元二角	四元六角	一角一分二厘六毫八丝四忽二微

表七　新榆分局本利表

成本总数	每石洋数	折合官帖
长春盐价	二十三元一角	六十九吊三百文
由长春总仓运至俄车站	四角四分	一吊三百二十文
俄车站过磅费	四分	一百二十文
由车站搬上俄车脚行费	九分	二百七十文
由长春运至小城子汽车价及小费	二元八角八分八厘八毫八丝	八吊六百六十六文六
由小城子卸火车小费	一角三分	三百九十文
由小城子运至榆树县	一元九角六分	五吊八百八十文

本利项算

项目	每斤	每石
成本总数	一百二十二文七	八十五吊九百四十六文
发商盐价	一百五十文	一百零五吊
本岸公利	二十七文三	十九吊零五十四文
长岸原加公利	十八文	十二吊六百文
公利总数	四十五文三	三十一吊六百五十四文

表八　双城分局本利表

成本总数

	长春盐价	由长春俄站运至双城车站	上下卸力	由双城车站盘运入仓	成本总数
每石羡帖	二元一角六分八厘四毫四丝	二角一分七厘七毫七丝			
折合官帖	九吊七百五十七文九	九百七十九文九	一吊五百六十六文四		
折合小洋	三元二角五分二厘六毫三丝三忽	三角二分六厘六毫三丝三忽	五角二分二厘一毫三丝三忽		二十三元一角

本利预算（算预利本）

	成本总数	发商盐价	本岸公利	长岸原加公利
每石	二十七元二角零一厘三毫九丝	三十元零一角	二元八角九分八厘六毫一丝	四元二角零二厘九毫二丝九忽四微
每斤	三分八厘八毫五丝九忽	四分三厘	四厘一毫四丝一忽	六厘零零四忽二微
总数　每石				七元一角零一厘五毫三丝九忽四微
总数　每斤				一分零一毫四丝五忽二微

表九　阿什河分局领运长盐本利表

成本总数	长春盐价	由长春俄站运至阿什河车站	卸力及换载纸费
每石小洋羌帖	小洋二十三元一角	羌帖二元九角三分五厘一毫七丝	羌帖九分五厘四毫五丝四忽一微
每石折合官帖	六十九吊三百文	十三吊二百零八文二	四百二十九文五

算预利本（本利预算）

项目	每斤	每石
成本总数	一百一十八文四八	八十二吊九百三十七文
发商盐价	一百五十五文	一百零八吊五百文
本岸公利	三十六文五二	二十五吊五百六十三文
长岸原加公利	一十八文	十二吊六百文
总数 每斤	五十四文五二	
总数 每石		三十八吊一百六十三文

表十 阿什河分局收卖崴盐本利表

成本总数	每石羌帖小洋	每石折合官帖
崴埠盐价	羌帖十吊零五百文	四十七吊二百五十文
崴埠火车	羌帖七吊	三十一吊五百文
崴盐运至阿什河车站卸力	羌帖四百四十文	一吊九百八十文
由阿什河车站运至盐仓		三吊六百四十文
应收盐课	小洋四元六角	十三吊八百文
应收盐厘	小洋一元二角	三吊六百文
应收公费	小洋一元	三吊
应收缉私费	小洋七角	二吊一百文

本利预算

项目	每石	每斤
成本总数	一百零六吊八百七十文	一百五十二文六
发商盐价	一百一十二吊	一百六十文
所得公利	五吊一百三十文	七文四

表十一　宁古塔分局收卖崴盐本利表

成本总数		每石羌帖小洋	每石折合官帖
崴埠盐价		羌帖十吊零五百文	四十七吊二百五十文
由崴运至宁古塔盐仓		羌帖四吊九百文	二十二吊零五十文
应收盐课		小洋四元六角	十三吊八百文
应收盐厘		小洋一元二角	三吊六百文
应收公费		小洋一元	三吊
应收缉私费		小洋七角	二吊一百文
本利预算	成本总数	每斤 一百三十一文一	每石 九十一吊八百文
	发商盐价	每斤 一百六十文	每石 一百一十二吊
	所得公利	每斤 二十八文九	每石 二十吊零二百文

光绪三十四年十二月二十七日奉吉林行省批：据呈总分各表了如指掌，具见钩稽精详，全体在握，洵堪嘉许。唯总分各局散布通省，耳目难周，访查宜严，仰即勤加考核，毋任流弊，以期有益于公，无扰于民，上下咸称便利，是为至要，切切。各表存查，抄由批发。

呈报官盐改定价值一律照收洋元文

为呈报事。窃照官运各属盐价前经核定详明并通饬在案。兹查职局支付盐本均属银圆，而盐价或收洋银或收官帖，在开创之时因地制宜，自不得不从权办理，以利行销而免隔阂。现在各属官盐均已畅销，而吉省洋价涨落无定，科合成本折算甚费周章，自应查照原定章程一律改收洋元以归划一。现经由局查核成本，酌定各属售盐均按银圆定价，列表通饬一体遵办。理合列表，呈乞宪台察核施行。须至呈者。

计呈表式一纸

一呈 督抚宪

吉林行省批：如呈酌改，通饬遵照，以归划一可也。

表目数元洋收改价官盐售局各分总运官 　附表

哈尔滨	小城子	宁古塔分局	阿什河分局	榆树分局	双城分局	伊磐分局	总局省仓	长春局	局名
斤			每						斤
一百五十文		一百六十文	一百五十五文	一百五十文	四分三厘	三分三厘	四分二厘	三分三厘	原定盐价
四分五厘	四分三厘	四分八厘	四分六厘	四分五厘	四分三厘	三分四厘	四分三厘	三分五厘	现定盐价

报解东三省盐务总局盐课文

为详报事。窃照吉林食盐创行官运，前经会拟章程，应缴课银按照已运盐数分作四季缴纳，详奉宪台批准在案。

兹查职局自本年七月初一官盐开运之日起截至九月底止已届一季，所有盐课银两计洋四万六千元，折合沈平银二万七千两，自应遵章兑足现银，委员批解奉天盐务总局兑收，以清款目。查有席直牧庆恩堪以札委，批解往返盘川应给洋一百圆，由局归入月报活支项下报销。除详报^奉省^督宪并给委外，相应详报宪台察核。为此备由，呈乞照详施行。须至详者。

一详　奉告省督抚宪

报解税务处盐厘作为盐捐文

为呈报事。窃查吉省办理官运前经详明将饷捐局向收盐捐归入职局盐价内核收，奉宪台批准在案。

兹查吉省官盐自去年九月间开秤起至十二月底止，由盐价内所收盐厘一项作为盐捐，按照已售盐斤数目核计收存钱三万零八百四十吊零一百六十文，自应如数移解税务处核收，作为向年饷捐所收盐捐以符定案。除移解外，理合呈报宪台鉴核。为此备文，呈乞照验施行。须至呈者。

右呈　督抚宪

详送年终会计册表并沥陈先后办理情形文

为吉省官运年终会计造册具详事。窃查吉省自光绪三十四年三月间创设官运厘定章程，是年七月始行开运，历经本司率同提调各员竭力经营，并将用人筹课一切办法随时详报在案。

兹查官盐开运已届半年，其间筹措之困难，因应之纷繁，累寸积锱，幸收效果。谨将年终会计及先后措置情形为我宪台缕晰陈之。查东三省幅员辽阔，户口日繁，从前产盐之区仅仰给于辽海一带，提纲挈领，举办盐政本不为难。自日俄战后，金州貔子窝及旅顺附近各盐滩均为日人占据，大批盐斤装运汽车直灌奉吉两省。铁岭、公主岭、长春一带，为日盐囤积之区，秤足价廉，居民争购，而东省盐权遂不能完全无缺，此为吉省官运第一阻力；自海参崴外属后，华商联合俄资创立福记公司名目，盘运长芦及俄属沿海盐斤，乘东清铁道之便运销吉省珲春、延吉、宁古塔、阿什河等属，并由哈尔滨灌入黑省。从前吉林饷捐局征收盐厘尚不敢公然过问，收归官运交涉颇难，此为吉省官运第二阻力；奉省盐务虽已划岸招商，分界办理，以限于商力迄今并未实行，各属囤积食盐官私参半，商无定商，岸无定岸，私盐漏课，价值极廉，吉属伊通、长春、桦甸、濛江、长岭一带毗连奉省，绵延极数百里，冬寒地冻，大车运私，随地侵入，既无险要可扼，又难遍布勇丁，私运广销，官盐必滞，此为吉林官运第三阻力；吉省采办盐斤解缴盐课均须汇缴奉、营两处，现在吉银禁止出口，虽官款不在禁例，而大批拉运，银市

清代吉林盐政

必昂，于商务殊多窒碍。若交官钱局及商号汇兑，每元汇费贵至钱余，官盐定价既不能高，获利只在纤悉，成本稍重，营运为难，此为吉省官运第四阻力；吉林商贾往来，以官帖为本位，官帖出省即难流转，购盐缴课全恃银圆，银价低昂，旬日之间相去霄壤，售盐收价不得不专用银洋，而荒僻之处洋元极少，核本定价既需求利又恐病商，函电往来筹商无策，此为吉省官运第五阻力；他省整顿盐务，均有基础可循，吉省系属创办，微特认岸诸商未知盐政，即地方官吏索解者亦复无多，民间之疑虑，州县之漠视，虽盐法志定有处分，各属毫无警觉，绳以法律未免过严，听其玩违必误大局，文告谆谆，尚难尽喻，此为吉省官运第六阻力；吉省未办官运以前，阖属绅商凡家道稍殷者无不囤积盐斤，备数年之食用，铺户存销尚不在内。官运开办之初，商店盐斤虽派员补征，略加限制，而民居储积，查问则邻骚扰，羼卖又碍官销，此为吉省官运第七阻力；吉林初设行省，凡新立各局，公家必先拨帑本以资动用，官运局开办之始，未请公款分文，仅以一纸空文补征盐课，悬分引地，酌收岸银，计自三月开办起至十月底止，修造省局、长局，建筑省仓及长春总仓，并开办省内外官运、采运大小分局，运销盐斤至三万余石，约二千余万斤，工程、特别各费，薪津、局用、盐本、载资各款悉取之，于是，无米为炊，竭蹶万状，去腊始由官帖局借钱二百万吊，而限期迫促，转瞬须偿，盐务经营全恃察看滩价市情，贱入贵出，借收余利，成本未宽，则贱无可入，贵无可出，多财善贾徒有虚名，此为吉省官运第八阻力；至其余私贩之横暴，教士之鸥张，见诸公文殊难悉数。署司创办以后，唯日兢惶，幸赖宪明暨东三省盐务总局辅助，首与南满洲铁道公司订立运盐合同，收回缉私权利，堵绝日盐，而崴埠俄私除存盐派员收买外，已由五站税关永远禁绝，国际问题首先解决，一面详明将奉省加耗盐斤作为正盐发卖，汽车运费订明减价一成。去冬自红蓝旗厂一带，装运大车直达新榆、双城、吉林各岸，议价亦尚俭省，且可为各车户留一生计，核本发商幸无亏折，各属旧盐虽伙，而官销价贱，尚易流通。创始之时，缉查私贩虽未便遽而从严，而所设长春缉私总卡及小城子、三道岗、白龙驹、新安镇、烧锅甸各卡查获私盐，为数亦颇不少。采运局装盐麻袋递经密查，明谕每只价值已由三角六分减至二角八分，盐斤由滩运站，由站入仓，车力亦陆续议减。吉省汇营银价一再磋商，亦较原估为省，成本运资渐归核实。各分局委员初办有不如法者次第撤换，包商筹销不力者分别退办另招。于是，省内外各岸规模渐定。至各属盐价，按照市情，官帖洋元参合收售，总以裕课便民为宗旨，并由局编成白话告示，将创兴官运情形详细刊登，俾全属人民家喻户晓，知此举有利于国，无损于民，购食官盐者日益繁众。现计自去年三月开办，七月开运，九月开秤起，截至十二月底止，会计总分各局银、盐两账，除去盐厘、盐课及一切开支，计算应净得盈余吉钱九十八万零零六十五吊四百一十九文，约合洋银三十万零五千余元。虽未大竟全功，略已稍收成效。在署司职总理财，何敢稍存矜伐，唯局中提调以下及总分局办事各员，任劳任怨，徒手经营，实已心力俱瘁，除仍分饬将筹运、筹销各事精益求精，毋稍松懈外，理合将吉林官运总分各局年终会计银款盐斤，造具总分表册，附列盈余比较备考表折及先后办理情形，备文详请宪台察核，俯赐批示祗遵，实为公便。为此备由，呈乞照详施行。须至详者。

计详送：总册一本、盐册一本、分册八本，以上三项共册十本装一帙；
　　　　清折一扣，表一本。

一详　_{奉天}_{吉林}公署

光绪三十四年吉林官运局开办起至年底止会计表　　附表

表一　收支各项款目总表　　会计类

名目	补征正款		补征经费		本利		盐课		盐厘	
钱洋	洋	钱	洋	钱	洋	钱	洋	钱	洋	钱
收数	八万九千七百七十五元零三角零三厘七毫	无	一万五千八百四十一元八角一分八厘三毫	无	十万零九千零九十六元九角	二百二十一万八千八百零六吊五百二十一文	二万七千八百四十八元四角	三万四千六百七十五吊四百四十五文	七千二百六十四元八角	九千零四十五吊七百六十七文
支数	一万八千一百二十七元九角八分零八毫三丝三忽	无	八千八百七十五元二角二分九厘	无	十万零零五百三十七元七角零五厘	一百三十四万五千七百四十吊零五百七十五文	无	十三万九千七百三十七吊九百六十文	无	无
亏存	存		存		存	存	存	亏	存	存
实在	七万一千六百四十二元三角二分二厘八毫六丝七忽	无	六千九百六十六元五角八分九厘三毫	无	八千五百五十九元一角九分五厘	八十七万三千零六十五吊九百四十六文	二万七千八百四十八元四角	十万零五千零六十二吊五百一十五文	七千二百六十四元八角	九千零四十五吊七百六十七文

107

比较实在存 钱	比较实在存 洋	共计 钱	共计 洋	公余 钱	公余 洋	缉私费 钱	缉私费 洋	公费 钱	公费 洋
		二百二十八万三千二百零五吊三百文	二十六万九千三百七十六元五角七分四厘	七千八百六十二吊七百三十文	四千四百一十四元三角四分	五千二百七十六吊六百九十七文	九千零八十六元零一分二厘	七千五百三十八吊一百四十文	六千零五十四元
七十七万五千八百九十吊零九百七十八文	八万九千八百二十一元七角四分九厘零零七忽	一百五十万零七千三百一十四吊三百二十二文	十七万九千五百五十四元八角二分四厘九毫九丝三忽	无	无	无	六千三百八十五元零五分九厘五毫	二万一千八百三十五吊七百八十七文	四万五千六百二十八元八角五分零六毫六丝
亏	存	亏	存	存	存	存	存	亏	亏
十一万九千三百十吊零一百六十二文		八十九万五千二百五十一吊一百四十文	十二万九千三百九十六元五角九分九厘六毫六丝七忽	七千八百六十二吊七百三十文	四千四百一十四元三角四分	五千二百七十六吊六百九十七文	二千七百元零零九角五分二厘五毫	一万四千二百九十七吊六百四十文	三万九千五百七十四元八角五分零六毫六丝

表二　收支补征正款数目表

入款		支款	
地名	数目	名目	数目
海参崴	一千四百零八元一角一分	总局开办经费	四百二十一元九角五分六厘
吉林府	一万六千三百九十二元七角九分七厘	总局改建添修房屋	五千九百二十三元
伊通州	三千六百四十一元二角四分八厘	督办带同随员张守等赴奉议管运章程在任返川资杂费	一千七百八十元零八角八分
五常厅	一千八百八十一元三角二分八厘八毫	提调张守带同员司奉督等处办商车运开局各事宜在任返川资杂费	九百四十元零五角七分
宾长两属	八千三百三十四元六角九分二厘	营口采运局开办经费	七百八十六元七角七分七厘
新榆两属	七千二百八十八元一角八分零五毫	长春局开办经费	一千八百九十七元四角九分七厘
磐石县	五百八十一元六角七分三厘	长春总仓置购仓基经费	一千二百四十三元四角八分八厘三毫三丝三忽
宁古塔	三千五百八十三元七角零三厘	长春局添设公主岭分仓并开办经费	五百五十八元七角二分六厘
滨江厅	五千三百五十九元二角五分	双城分局开办经费	四百二十八元三角五分
长农两属	三万二千六百五十八元八角七分三厘四毫	伊磐分局开办经费	四百零三元三角一分六厘六毫
双城厅	九千五百九十三元九角五分九厘一毫	阿什河分局开办经费	八百七十三元四角二分
教延两属	一千八百九十四元二角四分八厘八毫	宁古塔分局开办经费	三百八十四元八角四分六厘六毫
三姓	六百七十九元零二分四厘	新榆分局开办经费	七百八十六元一角六分三厘三毫
依兰府	一百二十三元四角		
省仓	六十元零九角二分八厘	共计	一万八千一百二十七元九角八分零三毫三丝三忽
共计	八万九千七百七十元三角零三厘七毫		
实在存洋	七万一千六百四十二元三角二分二厘八毫六丝七忽		

表三　收支补征经费数目表

地　名	收　　数	支　　数
海　参　崴	一百四十八元四角九分	无
吉　林　府	二千八百七十五元零二分三厘	九百八十六元
伊　通　州	六百四十二元七角二分二厘	五百二十二元五角
五　常　厅	三百三十二元九角九分九厘二毫	四百四十五元二角
宾长两属	一千四百七十元零八角三分八厘	九百九十六元八角
磐　石　县	一百零二元六角四分八厘	一百零五元九角四分六厘
新榆两属	一千二百八十六元一角四分九厘五毫	九百三十五元一角三分三厘
宁　古　塔	六百三十二元四角一分八厘	无
滨　江　厅	九百四十五元七角五分	七百四十五元七角五分
长农两属	五千七百六十三元三角三分零六毫	二千九百八十七元九角
双　城　厅	二千零五十五元九角九分二厘八毫	五百八十九元二角
敦延两属	三百三十四元二角七分九厘二毫	二百一十四元八角
三　　姓	一百一十九元八角二分六厘	四十七元
依　兰　府	二十一元六角	无
省　　仓	十元零七角五分二厘	无
东三省盐务总局陶委员景唐收买崴盐借支川资		三百元
共　　计	一万五千八百四十二元八角一分八厘三毫	八千八百七十五元二角二分九厘
实　在　存　洋	六千九百六十六元五角八分九厘三毫	

表四 收支本利款目表

局名	收数	支数
总局	无	
官帖局	二百万吊	十二万一千零四十八吊六百九十八文
省仓	三万九千三百四十三元五角	无
长春局	二万三千四百一十五元六角	一万一千二百七十元零七角四分六厘
长春总仓	一百四十七吊零四十文	一万九千八百四十一元三角五分九厘
双城分局	三万八千六百四十七元	一千一百八十二元二角
伊磐分局	七千六百九十元零八角	无
阿什河分局	十一万二千九百六十三元六百三十文	七千一百九十吊一百三十二文
宁古塔分局	六万三千三百九十五吊八百五十一文	五千四百九十八吊二百六十八文
新榆分局	四万二千三百吊	一万一千七百二十五吊二百三十文
营口采运局	无	五万元
公主岭分仓	无	三百零一元八角
共计	十万零九千零九十六元九角 二百二十一万八千八百零六吊五百二十一文	十万零五千七百三十七元七角零五厘 一百三十四万五千七百四十吊零五百七十五文 一百二十万零二百六十九吊二百四十七文
实在存 洋 钱		八千五百五十九元一角九分五厘 八十七万三千零六十五吊九百四十六文

清代吉林盐政

表五 收支盐课款目表

局名	收数	支数
总局	无	十三万九千七百三十七吊九百六十文
省仓	一万零二百三十九元六角	无
长春局	六千九百零四元六角	无
双城分局	八千四百三十六元四角	无
伊磐分局	二千二百六十七元八角	无
阿什河分局	一万八千零四百五十四文	无
宁古塔分局	九千七百七十四吊九百九十一文	无
新榆分局	六千九百吊	无
共计	二万七千八百四十八元四角／三万四千六百七十五吊四百四十五文	无／十三万九千七百三十七吊九百六十文
实在存不敷钱洋	二万七千八百四十八元四角（洋）／十万零五千零六十二吊五百一十五文（钱）	

表六　收支盐厘款目表

局名	收数	支数
总局	无	无
省仓	二千六百七十二元二角	无
长春局	一千八百零一元二角	无
双城分局	二千二百元零零八角	无
伊磐分局	五百九十一元六角	无
阿什河分局	四千六百九十五吊七百七十一文	无
宁古塔分局	二千五百四十九吊九百九十六文	无
新榆分局	一千八百吊	无
共计	七千二百六十四元八角 九千零四十五吊七百六十七文	无 无
实在存钱洋	钱 九千零四十五吊七百六十七文 洋 七千二百六十四元八角	无

表七　收支公费款目表

局名	收数	支数
总局	无	二万四千三百六十三元八角九分二厘
省仓	无	四千六百二十四吊六百五十文
长春局	二千二百二十六元	一千七百八十七元一角八分二厘
双城分局	一千五百零一元	九千一百十六元三角五分
伊磐分局	一千八百三十四元	二千六百七十三元三角五分
阿什河分局	四百九十三元	二千零七十二元五角
宁古塔分局	三千九百一十三吊一百四十二文	七千六百零七吊五百零七文
新榆分局	二千一百二十四吊九百九十八文	八百九十六元六角六分六厘六毫六丝
长春总仓	一千五百吊	六千零六十三吊九百七十四文
公主岭分仓	无	三千五百三十九吊六百五十六文
共计（洋）	六千零五十四元	四万五千六百二十八元八角五分零六毫六丝
共计（钱）	七千五百三十八吊一百四十文	二万一千八百三十五吊七百八十七文
实在不敷（洋）		三万九千五百七十四元八角五分零六毫六丝
实在不敷（钱）		一万四千二百九十七吊六百四十七文

表八 收支缉私费款目表

局名	收数	支数
省仓	二千九百三十五元五角四分八厘	七百六十四元五角零七厘
总局	无	无
长春局	一千零五十元零七角	无
双城分局	一千二百八十三元八角	无
伊磐分局	三百四十五元一角	无
阿什河分局	二千七百三十九吊一百九十九文	无
宁古塔分局	一千四百八十七吊四百九十八文	无
新榆分局	一千零五十吊	无
长春缉私总局	二千五百六十一元五角二分五厘	三千二百零一十八元二角八分三厘五毫
白龙驹缉私局	二百四十八元二角七分五厘	五百元零零五角三分六厘五毫
烧锅甸缉私局	二百三十六元三角七分九厘	五百零七元二角八分九厘五毫

三道岗缉私局	一百六十三元四角六分	四百八十六元八角三分
公主岭缉私局	三十九元四角三分五厘	十九元七角一分八厘
新安镇缉私局	无	三百八十元
南城子缉私局	无	四百六十元
依兰府	一百二十六元	无
长春府	三十五元四角	十七元七角
长春巡警局	六十元零三角九分	三十二元零一角九分五厘
共计	九千零八十六元零一分二厘	六千三百八十五元零五分九厘五毫
实在存 洋	二千七百元零零九角五分二厘五毫	无
实在存 钱	五千二百七十六吊六百九十七文	五千二百七十六吊六百九十七文

表九　收支公余款目表

局名	收数		支数
总局	无		无
省仓	一千六百零一元一角		无
长春局	九百九十元零六角六分		无
双城分局	一千四百九十七元二角		无
伊磐分局	三百二十五元三角八分		无
阿什河分局	四千零六十六吊零六百六十四文		无
宁古塔分局	二千二百六十六吊六百六十六文		无
新榆分局	一千五百三十吊		无
共计	四千四百一十四元三角四分	七千八百六十二吊七百三十文	无
实在存	洋 四千四百一十四元三角四分	钱 七千八百六十二吊七百三十文	

表十 盈余备考表

应存之款	洋　数	折合官帖
（甲）总表存洋	八万九千八百二十一圆七角四分九厘零零七忽	二十八万七千九百二十九吊五百九十六文八
（乙）总表存钱		七十七万五千八百九十吊零九百七十八文
（丙）营口册尾存洋	五万六千二百七十二元八角八分三厘	十八万零零七十三吊二百二十五文六
（丁）存盐值价	六十五万一千七百零七元四角三分三厘	二百零八万五千四百六十三吊七百八十五文六
共　计		三百三十二万八千七百五十七吊五百八十六文

除两抵外实在盈余钱

应提之款	洋　数	折合官帖
（甲）备还官帖局成本		二百万吊
（乙）备找解奉天东三省盐务总局盐课	九万九千三百六十元	三十一万七千九百五十二吊
（丙）备还税务处盐厘		三千零八百四十吊零一百六十七文
共　计		二百三十四万八千七百九十二吊一百六十七文

九十八万零零六十五吊四百一十九文

附　各局销存盐斤值价表

局名	册底存盐	价官	应值价洋	折合官帖
省仓	一百二十三万四千八百斤	三四	五万三千零九十六元四角	十六万九千零八十吊四百八十文
长春总仓	一千四百四十一万一千五百二十斤	五三	五十万零四千四百零三元二角	一百六十一万四千零九十吊零二百四十文
公主岭分仓	二十八万三千三百二十斤	五三	九千九百一十六圆二角	三万一千七百三十一吊八百四十文
双城分局	十八万斤	三四	七千七百四十圆	二万四千七百六十八吊
伊磐分局	三十三万九千四百八十斤	四三	一万一千五百四十二圆三角二分	三万六千九百三十五吊四百二十四文
阿什河分局 岸阿	十四万二千五百六十斤	六四	六千五百五十七元七角六分	二万零九百八十四吊八百三十二文
阿什河分局 岸哈	三十二万四千斤	五四	一万四千五百八十元	四万六千七百五十六吊
宁古塔分局	四十四万一千四百九十斤零十一两	八四	二万一千一百九十一元五角二厘	六万七千八百一十一吊二百九十六文
新榆分局	五十万零四千斤	五四	二万二千六百八十元	七万二千五百七十六吊
共　计	一千七百八十六万一千一百七十斤零十一两		六十五万一千七百零七元四角三分三厘	二百零八万五千四百六十三吊七百八十五文

发　明

　　谨案：表列应存项下甲、乙、丙三款均系现币，丁款系以存盐作价，将来盐斤售出收价归款。至所定盐价，均系照详定专案科核，按之市情极易行销，与现币无异。再甲、乙两条系照总册登列，丙条系照营局册尾登列，丁条系照盐册登列，理合发明。

　　吉林行省批：查盐课为国家惟正之供。吉林未设行省以前，盐务向未讲求，日俄私盐充斥，创办伊始种种阻力，办理极为棘手。该局妥订南满洲铁路运盐合同，收买崴埠俄商存盐，收回缉私权利，堵绝日人私贩，于国际问题首先解决。就补征盐课以作开办经费，酌分引岸择要设局，分别督销缉私以畅官运，节省运脚汇费以轻成本，未及一年规模渐臻完备，不费公家分文资本竟获余利吉钱九十八万余吊，成效大著，若非实力经营，机宜悉协，曷克臻此。据呈清册、总折，本利朗若列眉，洵属理财中不可多得之员，殊堪嘉许，仰仍督饬办事各员于筹运、筹销、缉私各要务，极力讲究周密，精益求精，务臻完善，而裕税课，本大臣都院有厚望焉。此缴，清册、总折存查。

　　奉天行省督宪批：呈并折册均悉。查吉省开运官盐业逾半载，措置之艰难，因应之繁赜，早为本大臣所逆虑。兹得该司悉心筹划，力除阻力，克底于成，裕课便民，殊堪嘉慰。仍仰督率局员任劳任怨，实力经营，筹运筹销百凡得手，即于三省盐政裨益匪浅，有厚望焉。此缴，折册存查。

光绪三十四年年终会计官运总分各局员名薪额表

局名	差使	官衔	姓名	籍贯	到差	薪水
总局	督办	度支司官运使	陈玉麟	贵州原籍福建		无
	提调	调前福建候补知府	张狐	浙江顺	一二月	二百两
	文案	留吉补用知县	卢秉榕	四川顺天	一二月	六十两
	帮支应	奉委直隶州	席庆恩	顺天	一二月	六十两
	核算	候选府经历衔	王锡斑	吉林	十一二月	四十两
	票据照	候选通判衔	赵春田	吉林	十二月	四十两
	收发兼庶务	分省试用县丞	刘元龙	贵州	七月	八十两
	誊校兼编辑	广东盐知事	陈瑢	福建	十一月	六十两
	通信印	候选按经历	王士楷	福建	十一月	七十两
	监图表	候选府经历	沈赋城	浙江	七月	五十两
	书记长	府经历衔	张树荣	安徽	三九月	三十两
		府经历衔	孙南甲	直隶	三月	三十两
省仓	委文应	福建候补县丞	胡在儒	安徽	七月	八十两
	文应	候补典史	朱德新	云南	八月	八十两
长春局	总办	前广西梧州府知府	唐人黄	浙江	六月到差十二月卸差	二百两
	会办	补用知县	张明屏	广东	十一二月	一百两
	管仓	湖北知县	曲同允	奉天	七月	一百两
阿什河分局	委员	湖南知县	刘同明	贵州南州	七月	八十元
	委员	候选府经	张汝明	云南	七月	八十元
宁古塔分局	委员	候选知府经	过寿彭	贵州	七月	八十元
双城分局	委员	广西通判	刘润之	奉天	七月	一百元
伊兰分局	委员	候选知县	吴肇羲	云南	七月	八十元
新榆分局	委员	候选巡检	林莘芳	福建	七月	八十元
营口采运局	坐办	候选通判	吕存诚	云南	七月	八十元
	会办	前直隶河间县知县	李培元	奉天	七月	八十元
	差遣押运	湖北同知	周嘉植	湖南	七月	八十元
	坐办	留奉府经历	徐良韶	湖北	七月	八十元
缉私局	铁道缉私	福建候补知县	何良韶	浙江	四月到差十月卸差	一百三十两
		分省补用知县	沈荣馥	湖北	七月	六十五元
		盐大使	张景杕	云南	十一月	一百三十两
		候补府经	马鉴	山东	八月	一百两
		日本警监学校毕业生	李树林	奉天	三月	三十四两
		候选县丞	唐文源	浙江	十一月	四十元
		候选县丞	童超英	直隶	十二月	三十元
奉天火车站	制验委	候选通判	王德铭	直隶	七月	八十元
白龙驹缉私局	委员	留奉补用知县	陈常贤	福建	十一月	八十元
烧锅甸缉私局	委员	江西补用巡检	方修珍	浙江	十月	六十元
新安镇缉私局	委员	选用同知	郎松龄	江苏	十二月	六十元
南城子缉私局	委员	候选县丞	启贵	顺天	十二月	六十元
三道岗缉私局	委员	候选巡检	陈观瀛	浙江	十二月	六十元
珲延分销	委员	试用巡检	郑祖祉	河南	十二月	六十元
长岭分销	委员	候补州同	张介棠	福建	十二月	
			林鹤皋	直隶	十二月	

"长白文库"出版书目：

东三省政略校注（全三册）

满洲实录校注

钦定满洲源流考校注

吉林外纪

吉林分巡道造送会典馆清册

鸡塞集

松江修暇集

吉林乡土志

吉林志略

吉林志书

吉林纪事诗

戊午客吉林诗·鸡林杂咏

吉林地志·鸡林旧闻录

长白山江岗志略

长白汇征录

吉林纪略·一　柳边纪略、宁古塔纪略、
　　绝域纪略、吉林舆地说略、吉林地
　　略、吉林形势

吉林纪略·二　吉林汇征

吉林纪略·三　大中华吉林省地理志

吉林纪略·四　吉林地理纪要

韩边外

金碑汇释

吉林三贤集

东疆史略

东北史地考略

东北史地考略续集

雷溪草堂诗集

东北旗地研究

满族说部神话、史诗研究

满族萨满神辞口语用语研究（全两册）

启东录　皇华纪程　边疆叛迹

双城堡屯田纪略　东北屯垦史料

松漠纪闻　扈从东巡日录

成多禄集

蒙荒案卷

珲春副都统衙门档案选编（全三册）

吉林农业经济档案

海西女真史料

打牲乌拉志典全书　打牲乌拉地方乡土志

东夏史料

顾太清诗词

清代吉林盐政

延吉边务报告　延吉厅领土问题之解决

图书在版编目（CIP）数据

清代吉林盐政 / 潘景隆等校注. -- 长春：吉林文
史出版社，2022.9
（长白文库）
ISBN 978-7-5472-8957-0

Ⅰ.①清… Ⅱ.①潘… Ⅲ.①盐业史—吉林—清代
Ⅳ.①F426.82

中国版本图书馆CIP数据核字(2022)第178737号

清代吉林盐政

QINGDAI JILIN YANZHENG

出 品 人：张　强

校　　注：潘景隆　张志强　赵素娟　李秀娟　刘　敏

丛书主编：郑　毅

副 主 编：李少鹏

责任编辑：吴　枫　吕　莹

装帧设计：尤　蕾

封面设计：王　哲

出版发行：吉林文史出版社有限责任公司

电　　话：0431-81629369

地　　址：长春市福祉大路出版集团A座

邮　　编：130117

网　　址：www.jlws.com.cn

印　　刷：吉林省优视印务有限公司

开　　本：170mm×240mm　1/16

印　　张：9

字　　数：220千字

版　　次：2022年9月第1版　2022年9月第1次印刷

书　　号：ISBN 978-7-5472-8957-0

定　　价：108.00元